你为什么还不开始像心理学家一样思考？

Think Like a Psychologist:
Get to Grips with the Workings of the Human Mind

〔英〕安妮·鲁尼（Anne Rooney） 著

孙涵晓 译

中国出版集团
中译出版社

图书在版编目(CIP)数据

你为什么还不开始？：像心理学家一样思考 /（英）安妮·鲁尼（Anne Rooney）著；孙涵晓译．—北京：中译出版社，2022.2（2022.12 重印）

书名原文：Think Like a Psychologist
ISBN 978-7-5001-6948-2

Ⅰ.①你… Ⅱ.①安… ②孙… Ⅲ.①心理学—通俗读物 Ⅳ.①B84-49

中国版本图书馆 CIP 数据核字（2022）第 017826 号

Think Like a Psychologist: Get to Grips with the Workings
of the Human Mind
by Anne Rooney
Copyright © Arcturus Holdings Limited
www.arcturuspublishing.com
The simplified Chinese translation copyright © 2022 by China Translation
and Publish House
ALL RIGHTS RESERVED

版权登记号：01-2021-7235

出版发行	中译出版社
地　　址	北京市西城区新街口外大街 28 号普天德胜大厦主楼 4 层
电　　话	(010) 68359373, 68359827（发行部）68357328（编辑部）
邮　　编	100088
电子邮箱	book@ctph.com.cn
网　　址	http://www.ctph.com.cn
出 版 人	乔卫兵
策划编辑	李　坤
责任编辑	郭宇佳　李　坤
文字编辑	李　坤　张梦凯　马雨晨
封面视觉	张梦凯
封面设计	潘　峰
排　　版	北京竹页文化传媒有限公司
印　　刷	山东临沂新华印刷物流集团有限责任公司
经　　销	新华书店
规　　格	787 毫米 ×1092 毫米　1/32
印　　张	10
字　　数	153 千字
版　　次	2022 年 2 月第一版
印　　次	2022 年 12 月第二次 印刷

ISBN 978-7-5001-6948-2　定价：59.00 元

版权所有　侵权必究
中译出版社

前言 究竟什么是心理学?

人类的大脑是最具吸引力的研究或思考对象。无论你的兴趣爱好是艺术、政治、文学、体育、力学、天文学，或是国际象棋，它们都源于人类的心智，而你也是用心智去发展它们。心智是如何运作的，它是否健康，这些都是心理学研究的问题。

几千年来，人类如何思考、为何思考、在思考什么，这些问题一直使我们着迷。但是在几百年之前，除了一些隐喻和神话故事，几乎没有其他形式来帮助我们解答心智的工作原理。

大脑与心智，肉体与精神

17世纪，法国的哲学家、数学家勒内·笛卡尔（Rene Descartes）提出：人体的工作原理如同一台机器。例如，可以用流体动力学来解释血液的流动，而我们的骨骼和肌肉就像杠杆一样工作。但是，让笛卡尔百思不得其解的是，精神（后来被称为"机器里的幽灵"）是如何让肉体充满活力的？

笛卡尔曾说过，"我思故我在"。当然，这是一个哲学命题，如果用一个普遍的观点来表达，即心智塑造了一个人。

从理论上讲，如果某一天，医学技术发展到可以实现脑移植手术，使你的身体被另一个大脑占据，那么你的身体将不再听"你"指挥，而是服务于提供大脑的那个人。大脑提供了我们对自己的认知，也就是说，在某种程度上，自我认知是由大脑创造的。

勒内·笛卡尔

人们借助于神话故事和宗教来解释心智究竟是什么：精神或灵魂是上帝吹进我们身体的吗？它是某个广袤世界或宇宙灵魂的一部分，是宇宙意识体上的一小块碎片吗？今天，我们离弄清楚大脑工作原理的目标越来越近了，尽管我们仍然不能给"心智"一个准确定位或明确定义，但我们已经可以从神经学的角度，最大限度地解释大脑的工作原理了。

心理学、精神病学和神经学

心理学是研究心智（心灵）的工作原理的学科；精神病学将一些心理学知识用于临床治疗，来帮助精神障碍患者；而神经学是研究大脑的物理、化学结构和大脑功能的学科。在研究"心智的工作原理"时，心理学的某些解释也涉及神经学。

留心你的心理状态

我们中的许多人，可能会不时受到某些类型的精神疾病的影响，这就像我们的身体可能会受到各种身体疾病的影响一样。你可能有时会感到焦虑，有一段时间很抑郁，或者受到强迫症（OCD）的影响，这就和你可能会得阑尾炎、湿疹或哮喘是一个道理。

我们都是小白鼠

对于我们许多人来说，心理学与个人最息息相关的方面，是了解在日常生活中我们的大脑如何工作：我们如何学习、如何解读世界、如何与他人互动、我们是什么样的人。为了弄清大脑在这些方面的工作原理，心理学家通常在实验室或"田野"（社会）中进行实验，或者进行问卷调查、统计检验。只有通过大量观察人的行为或发展，心理学家才能找出某一范围的"中间值"，也

揭开精神疾病的面具

对许多人来说，精神疾病比身体疾病更可怕，因为我们无法看清病情的发展，没有皮疹或四肢变形之类的症状帮助我们判断病情，所以我们无法猜测问题出在哪里，也无法判断它有多严重。在许多人看来，任何类型的精神疾病都很可怕，但实际上，患有例如强迫症或抑郁症等精神疾病的人对其他人并没有任何威胁性，因为精神疾病不同于流感，它并没有传染性。

人们一旦明白某些类型的心理问题是由脑部问题所导致的，也许就不会觉得可怕了。毕竟，从概念上讲，大脑中的多巴胺分泌过少（可导致抑郁症和阿尔茨海默病等相关疾病），与胰腺中的胰岛素分泌过少（可导致 1 型糖尿病）没有什么不同。

就是我们通常所说的"正常"心智。一些心理学研究只关注功能失调的心智，这不仅是因为功能失调的心智可能需要特殊的治疗，还因为它们可以帮助我们看清"正常"心智的真面目。

艰难的研究道路

心理学研究的道路上充满着各种困难。当人们知道有人在研究自己的行为时，他们通常会改变这些行为。这样做可能有各种各样的原因：为了取悦实验者，为了看起来更贴近他们理想中的人物形象，为了显得与众不同，或者是实验室的陌生环境使他们焦虑，从而产生了无意识行为。这种现象意味着，很多研究必须在被试者不知晓的情况下进行，但这又引发了伦理问题。历史上一些具有里程碑意义的心理学实验如果放在今天，是不可能被道德委员会准许进行的。在过去的心理学实验中，很多实验内容都没有经过被试者的同意，甚至有一些实验还冒着给被试者造成心理伤害的风险，例如，在实验中鼓励他们做出日后会后悔的行为等。在后面的章节中，我们将会看到一些心理学实验的例子，它们对于被试者来说，甚至有潜在的破坏性影响。

结论适用于所有人吗？

很难说一项研究的结论可以在多大程度上适用于所有人，特别是面对不同的文化群体时。因为被试者通常是特定类型的人，即那些同意或自愿参与实验的人，所以他们不一定是整个人群中的典型案例。

有时候，被试者甚至是从范围更窄的特定人群中选出来的。他们可能是缺钱的学生，愿意为了得到报酬而参加实验。那么，从生活富足的21岁美国大学生身上获得的研究结论，在多大程度上可以用来解释阿富汗年迈的牧羊人、孟加拉国服装厂的工人或巴西商业大亨的行为呢？

新的研究方法

通常，心理学研究的是我们的情绪状态和行为。在过去，心理学家只能通过观察人们的语言和行为，来得出心智如何工作的结论，而大脑的物理结构则属于神经学家的研究领域。但今天，心理学家也可以通过使用各种扫描技术来观察大脑，以揭示在某些情境中，以及当我们感受到特定情绪时大脑的活动状况。因此，神经学和心理学的联系越来越紧密，甚至开始有一些合作。

这就是我们首先要讨论的问题——通过研究大脑，我们可以学到什么？

两个至关重要的问题

心理学中有两个至关重要、影响深远的问题，它们也涉及哲学、进化生物学和法理学领域。第一个问题是：心智是天生（生物遗传）的产物还是后天（环境和教养）的结果？第二个问题是：我们是否拥有自由意志并能够对自己的行为负责？这两个问题有重叠之处。

本书中还提出了其他一些问题，涉及我们的心理构成有多少是与生俱来的，又有多少来自环境影响。例如，第 7 章"道德是天生的吗？"和第 18 章"你看到了什

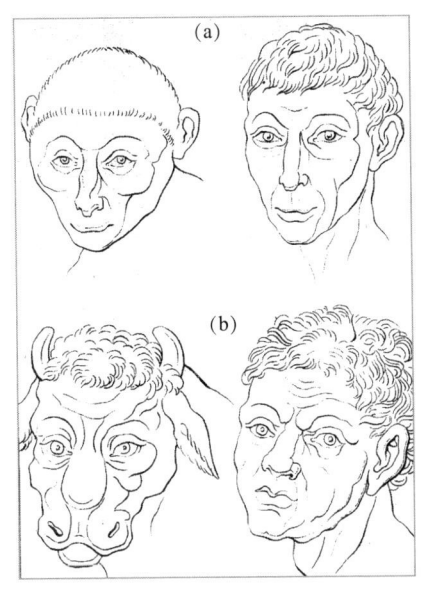

从面相来比较一只猴子和一个人（图a），一头公牛和一个人（图b）。在18—19世纪，人们普遍认为相由心生，一个人的内在性格可以从外表判断出来，即"相面术"。那个时期的许多作家，如查尔斯·狄更斯和埃德加·爱伦·坡，在他们的作品中都出现过依据"面相"来描述人物性格的内容

么？"，这两章都涉及了这一点。似乎大脑的基本结构赋予了我们某些内在的、与生俱来的能力，比如学习语言的能力和解读我们所见所闻的能力，这些能力是刚出生的人类不需要从零开始学习的。从其他方面来说，我们也是环境的产物，例如，第6章"关怀会宠坏孩子吗？"和第17章"你能辨认出精神病态者吗？"，这两个问题都涉及教养如何影响一个人在未来生活中的心理健康。

如果我们的很多行为都是由大脑分泌的化学物质、大脑结构，或是我们无法控制的童年早期因素所导致，那么我们是否应该为自己的行为负责？许多法律制度规定，如果一个人被认定患有精神障碍，那么他就不能算是一个对自己的行为负有责任的人，处罚会相应减轻；当然了，这是一种相当特殊的辩护理由。虽然精神病患者的大脑结构和成长经历使得他的杀人行为看起来情有可原，但他仍然会因为谋杀罪而被关起来。最近的心理学研究进一步否定了自由意志存在的可能性，也许所谓的自由意志概念只是一种错觉（详细解释见下一页的方框）。如果人们受到大脑的控制，注定要遵循某种行为模式，那么奖惩制度的规定就会变得非常复杂。

请勿模仿

总体来说，本书中提出的问题与精神障碍的诊断没有直接关系，给出的答案也并不一定是标准答案，所以请不要依据这本书来诊断你自己或他人的任何精神问题。本书的目的只是为了帮助你理解心智的工作原

自由意志真的存在吗？

对大脑的研究表明，当我们以为自己在做自由选择时，我们的大脑在这之前就已经开始行动了。2008年，研究人员进行了一项神经学实验，被试者可以选择用左手或右手按按钮，实验者用大脑扫描仪来监测被试者的大脑活动。他们发现，在被试者认为自己已经做出决定的几秒钟之前，大脑中相关的神经元就已经进行放电了。

另外一些实验也发现了类似的结果：其中一个实验要求被试者可以自由选择移动身体的各个部位，当实验者用大脑扫描仪来监测被试者的大脑活动时，发现大脑中负责该动作的区域在被试者做动作之前大约一秒钟就会活跃起来。也就是说，人们有意识的动作意图和动作本身几乎同时发生。看来，即便我们拥有自由意志，它也并不是我们所想象的那样。决定做动作的感受，其实是我们在解读大脑中已经发生的事情：大脑的某个部分，在我们没有意识到的情况下，显然决定并启动了这个动作。然后我们就会有"哦，我知道了，我要移动我的手"的感觉，但此时，动作其实已经发生了。

理，但它并不会给出明确的答案，也不能涵盖心理学家们采用的所有方法。同样，也请读者们不要试图重现书中所描述的任何实验。

目 录

第 1 章 通过研究大脑，我们可以学到什么？ 1
既然我们无法直接观察到大脑如何工作，那么如何能知道它在做什么？

第 2 章 是什么驱动着你？ 19
大脑的第一个目标是让你活着，之后才是满足其他需求。

第 3 章 你有自己的主见吗？ 31
你明明知道自己的想法，为什么轻易就会被人说服？

第 4 章 人人为我，还是我为人人？ 43
人类天生是自私的还是无私的？还是说，无私只是自私的另一种形式？

第 5 章 你在乎名人的观点吗？ 49
一个人歌唱得好，不代表他了解政治。

第 6 章　关怀会宠坏孩子吗？　59
当婴儿哭泣时，应该马上过去哄，还是任他哭泣？从长远来看，哪种方法对孩子更好？

第 7 章　道德是天生的吗？　75
小婴儿也会表现出道德感吗？

第 8 章　做白日梦是在浪费时间吗？　83
你是否会凝望窗外，陷入幻想？这是在浪费时间吗？白日梦对人们有没有好处呢？

第 9 章　习惯成自然？　95
是什么触发了我们的反应？条件反射可以在刺激和行为之间建立奇怪的联系。

第 10 章　我们为什么起床困难？　105
青少年为什么睡到中午才起床？只因他们懒惰吗？

第 11 章　人会无聊死吗？　113
无聊比你想象的要复杂得多。

第 12 章　你能残忍到什么程度？　125
你确定你永远不会伤害一个没有伤害过你的人吗？

第 13 章　为什么要浪费我的时间？　137
浪费别人的时间是不礼貌的，所以他们会说服你，让你觉得你并不是在浪费时间。

第 14 章　为什么大家见死不救？　145
不帮助陷入困境之人，是一种单纯的冷漠，还是有更复杂的原因？

第 15 章　你成为最好的自己了吗？　151
你是谁？你想成为谁？二者之间有什么不同？

第 16 章　胡萝卜还是大棒？　165
奖励和惩罚，哪个才是激励人的最佳方式？还是说，两者相辅相成？

第 17 章　你能辨认出精神病态者吗？　173
他们不一定都是挥刀的疯子，还有哪些不那么明显的特征呢？

第 18 章　你看到了什么？　183
观察事物的时候，眼睛和大脑协同工作，但识别的结果可能会令人困惑。

第 19 章　观看暴力画面会让人变得暴力吗？　199
人们常说，屏幕上的暴力画面会导致现实生活中的暴力行为，这种说法可信吗？

第 20 章　记忆会欺骗我们吗？　211
记忆可以欺骗我们，但有时我们也可以欺骗它。

第 21 章　我可以问您几个问题吗？　225
　　当你了解一些推销背后的心理学原理，你就会发现，那些用于吸引你注意力的技巧很容易被识破。

第 22 章　权力会腐化人心吗？　233
　　你可能会想象，假如自己成为统治者，一定会是一个善良的统治者，但你确定吗？

第 23 章　你为什么还不开始？　249
　　你在读这本书的时候，手头是否有一些应该先去完成的任务？

第 24 章　葡萄一定很酸吗？　257
　　大脑会使用技巧来让我们喜欢自己得到的东西，尽管这个东西并不是我们真正想要的。

第 25 章　微笑会让人快乐吗？　269
　　笑一笑心情会更好，这个说法是真的吗？

第 26 章　真的只是一个阶段吗？　281
　　儿童的心智发展是阶段性的，还是累积、层层叠加的？

第 27 章　彩票值得买吗？　293
　　你平时买彩票吗？你可能不相信，但其实不中奖的好处更多一些。

第1章 通过研究大脑，我们可以学到什么？

既然我们无法直接观察到大脑如何工作，那么如何能知道它在做什么？

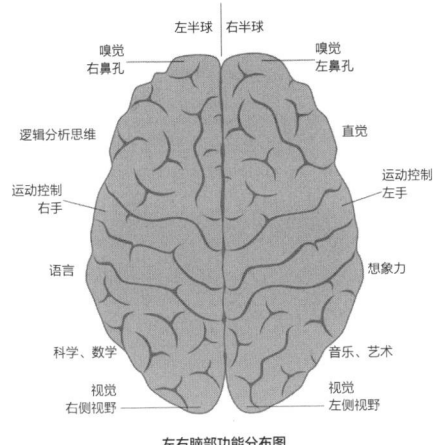

左右脑部功能分布图

心理学是研究大脑活动的学科——人类的思考、学习、梦想、欲望、个性、性格形成、行为抉择，以及所有这些脑部活动陷入紊乱时的状态。但不同于研究心脏，大脑没有可以直接观察到的机械过程，所以科学家们不得不去找一些巧妙的方法，来监测我们的思维过程。

观察思维过程

在早期的心理学研究中，只有在一个人死去之后，才有办法直接观察他的大脑。而在当时，所有的心理学研究都必须有实验、观察和询问被试者的过程，虽然这些研究技术在今天仍然非常有帮助，但现在我们有了观察活人大脑活动的方法。观察大脑虽然解答了很多疑问，但同时也产生了很多疑问。在生物学层面去研究大脑只能让我们止步于此：我们只能观察到大脑做出了一些反应，却不能完全搞清楚这些反应是什么，或者大脑是如何做出这些反应的。例如，当被试者思考时，研究人员可以观察到被试者的神经元在放电，但研究人员无法得知他们在想什么，为什么会有那样的想法，或是他们将如何记住（或忘记）这个想法。

体型大小很重要			
动物	神经元数量	动物	神经元数量
果蝇	100 000	蟑螂	1 000 000
鼠	75 000 000	猫	1 000 000 000
狒狒	14 000 000 000	人类	86 000 000 000

大脑各个区域的功能

千百年来，了解大脑各个部分不同功能的唯一方法就是观察头部受伤的人，看受伤的大脑是如何影响他们的精神状态、身体功能、情绪或行为的。这些变化很好地表现出了大脑的不同区域负责不同的功能（情感、认知、性格等）。人死后的尸检结果显示，人生前发生的变化

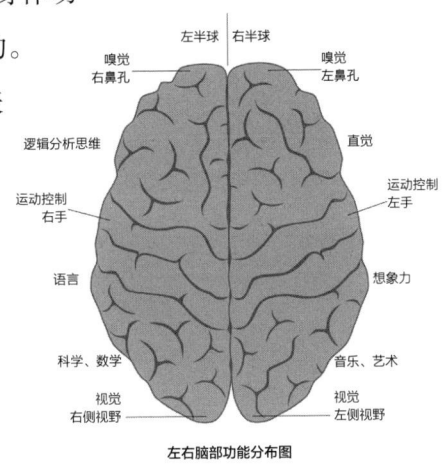

左右脑部功能分布图

或身体功能受损，可能与脑损伤有关。为了获得对大脑工作原理的真知灼见，科学家们需要大量的大脑样本来进行检测，并且需要使用复杂的科学设备来完成这项工作。所以在20世纪之前，大脑几乎就像是一本封闭的书，即使在今天，这本书虽已被打开，却依然充满了未解之惑。

神经科学基础知识

大脑由许多神经元（神经细胞）组成，这些神经元的数量约为860亿个，它们负责产生神经活动。神经活动包括接收"信息"（来自身体各个部位感觉器官的感受器）并传递信息以激活身体相应部位的肌肉。有些动作是有意识的，比如举起手臂；还有一些动作是无意识的，比如心跳加快。

大脑的不同区域负责不同类型的神经活动。例如，来自眼睛的信息被传送到大脑后部的视觉皮层，经过加工后，在脑中产生我们"看到"的图像。再例如，情绪是由杏仁体进行处理的，杏仁体是在大脑深处对称分布的两个小小的脑部组织。

不幸的菲尼亚斯·盖奇

"大脑的不同区域可能负责不同的功能",这一观点起源于一个叫菲尼亚斯·盖奇(Phineas Gage)的铁路建筑工头的医学案例。1848年9月13日,盖奇在工地工作时,被一根重达6千克的铁棒(铁夯)意外穿透头部,受了重伤。铁棒从他的脸颊刺入,从头顶穿出,并带出了一部分脑组织。据治疗他的医生说,他在呕吐时失去了更多的脑组织,大约有"半茶杯"的脑组织掉在了地上。他的主要损伤部位是大脑额叶。

菲尼亚斯·盖奇

盖奇的朋友们都已经准备好了一口棺材，然而，盖奇竟然奇迹般地活了下来。但在事故之后的很长一段时间里，他的性格发生了相当大的变化：他不再是从前那个彬彬有礼、友善和气的人了，而是变得难以相处，甚至有些反社会（虽然没有传说中的那么可怕）。随着时间的推移，他的社交能力有所改善，最后在智利成为一名公共马车的车夫。作息规律的新生活可能对他的康复有所帮助，因为研究发现，有固定流程的规律活动对许多额叶受损患者的康复有所帮助。

二分心智

大脑由两个半球组成，它们的结构相同，两者之间通过一大束神经纤维进行交流，这个连合纤维束被称为"胼胝体"。

神经心理学家罗杰·斯佩里（Roger W. Sperry）解释了大脑的两个半球是如何协同工作的。他曾使用胼胝体切断术治疗严重的癫痫患者，这个技术听起来很极端，但确实治愈了癫痫。在切断两个大脑半球的连接纤维之后，右手完全不知道左手要做什么动作。

起初，除了缓解癫痫，手术似乎没有对患者产生其他影响。但不久之后，通过对斯佩里的裂脑病人的调查，研究人员发现了一些他们的重要的变化。在研究中，对于大脑的两个半球在正常情况下如何协同工作，斯佩里有了新的见解。

斯佩里发现，如果将一幅图片呈现给患者的右视野（由左脑处理），患者可以说出或写出物体的名字；如果把图片呈现给左视野，患者就无法说出或写出物体的名字，但可以通过指认来识别物体。由此，斯佩里得出结论，语言信息的处理发生在左脑。

他还发现，向左脑展示的物体只能被左脑识别。他对左右视野呈现不同的符号，然后让患者画出他们看到的东西。结果显示，他们只能画出左边视野中的符号；如果继续问他们画了什么（不是看到了什么），他们只能描述出右边视野中的符号。最初在左侧视野看到的物体，如果再次在左侧视野出现，患者就能识别出来；但如果再次出现在右侧视野，患者就无法识别出来。

关注内部

今天，我们有很多方法来检测大脑的结构和活动：

- 计算机断层扫描（CT）使用 X 光和计算机生成大脑的三维图像。它能显示正常大脑的结构，且突出显示损伤、肿瘤和其他结构变化或异常
- 脑电图（EEG）可以监测大脑活动产生的电脉冲。它可以显示人的觉醒状态（是睡着还是清醒等），且可以显示一个刺激触发大脑活动所需的时间，以及当被试者做一个动作或暴露在刺激下时，大脑活动所发生的区域
- 正电子发射断层扫描（PET）通过显示放射性标记，找到氧或葡萄糖集中的位置，揭示出大脑的实时活动。因为大脑活动越频繁，所消耗的氧气和葡萄糖就越多。该技术有助于观察大脑的不同区域负责哪些特定的任务或功能
- 核磁共振成像（MRI）可以将无线电波与高强度

> "（每个大脑半球）确实是一个独立的意识系统，各自负责感知、思考、记忆、推理、意愿和情感等人类特有的能力，并且……左脑和右脑可能同时具有不同的意识，甚至可能同时发生两种彼此冲突的精神体验。"
>
> 罗杰·斯佩里

的磁场结合,用来探测不同类型的组织,还可以生成大脑的详细解剖结构图
- 脑磁图(MEG)可以采集大脑神经活动产生的极其微弱的生物磁场信号。目前,这种技术价格昂贵,应用并不广泛,但它能够最全面、详细地展示出脑功能的瞬时变化状态。脑部扫描技术首次向心理学家展示了大脑的各个区域参与不同类型的活动和行为。例如,我们曾用扫描技术来观察精神变态杀手的大脑,结果发现他们都有相似的脑部异常

我们真的只使用了大脑的 10% 吗?

另一个常见的大众心理学误区是:我们只使用了大脑的 10%。但实际上,大脑的使用率是 100%,只不过这些使用并不是同时发生的。在通常情况下,大多数人确实并没有充分发挥大脑的潜能,但大脑的所有区域都有各自的功能,而我们或早或晚,一定会用到这些功能。

人的潜力可以被无限挖掘:当你学习一项新技能时,你的大脑会在神经元之间建立新的联系,来存储新的知识和行为模式。

知识改变大脑

2000年，来自伦敦大学学院的埃莉诺·马奎尔（Eleanor Maguire）使用MRI扫描技术，对伦敦出租车司机的大脑进行了观察分析，她将实验组与对照组（相似的年龄和身材）进行了对比。伦敦的出租车司机最长需要花4年时间，才能熟记伦敦25 000条大街小巷的路线，这就是人类习得"知识"的过程。

马奎尔的研究结果表明，出租车司机大脑的海马体后部明显大于对照组。这项研究不仅表明了海马体在驾驶和空间意识方面的重要性，而且还证明了大脑（至少是海马体）可以通过有规律的使用而逐渐适应新的活动，就像肌肉通过反复锻炼可以变强一样。

实验还发现，被试者做出租车司机的时间越长，与对照组的差异就越明显。在一项后续研究中，马奎尔还发现，退休的出租车司机大脑中的海马体缩小到了正常水平。这是因为他们不再使用这些知识，因此锻炼海马体的机会也减少了。

马奎尔还用一个电脑游戏来观察出租车司机的大

左右脑主导之说是真的吗？

大众心理学经常会提到"左脑"和"右脑"的分工及其对智力和性格的影响。据说，如果你的左脑占主导地位，你就会比右脑主导者更擅长逻辑和分析思维，更客观。相反，如果你的右脑占主导地位，你就会喜欢凭直觉做事，充满创造力，有自己的想法，看问题很主观。但实际上，人类几乎所有的功能都是由大脑的两个半球共同完成的。世界上没有完全相同的两个人，所以个体在左右脑的使用程度上肯定会存在差异。

斯佩里发现，左右脑唯一的显著差异是语言处理功能。左脑主要负责语法和语义，而右脑主要负责识别语言的情感内容和分辨细微差别。

脑活动。她发现海马体在任务开始时最活跃，也就是司机需要思考和规划路线的时候。马奎尔研究的重要性在于，它显示了大脑的哪个区域负责驾驶，以及大脑如何适应增加的刺激；而对于那些遭受了脑损伤并需要康复治疗的人来说，大脑这种适应刺激的能力为他们带来了希望。

罐子里的大脑

早在现代成像技术出现之前,科学家们就设想,如果他们能够成功观察到人的大脑,他们就能够比较出高智商的人与普通人、暴力罪犯与守法公民大脑之间的物理差异。但事实并非如此简单,例如,与人们想象中的不同,聪明人的大脑并不比普通人的大脑大。

1955年,阿尔伯特·爱因斯坦(Albert Einstein)去世,他的大脑在被切除、检查、拍照和存储之后消失了20年,直到1978年被重新找到。他的大脑被切成240块以供显微镜观察,科学家们最终发现,爱因斯坦的大脑和"正常"的大脑(那些没有获得诺贝尔奖的物理学家的大脑)相比,没有大小上的差异,但有一些结构上的差异:爱因斯坦的大脑缺少一些正常大脑拥有的特征,有观点认为这可能使他的神经连接比一般人更容易。爱因斯坦大脑的顶下小叶比普通人宽15%,这个区域负责数学思维、视觉运动整合和空间认知。另外,他大脑各部分之间的连接也比普通人多。

观察人去世后的大脑还能帮助我们更好地理解精

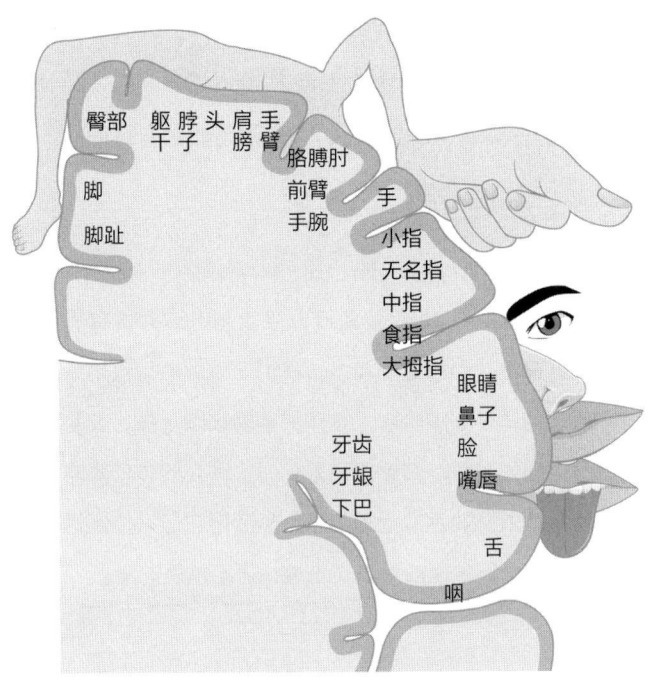

上图展示了大脑的不同区域对应身体不同部位的感觉输入。图中不同身体部位的相对大小，代表了大脑参与处理其所接收到信号的区域的大小，所以在这幅图像中，手的尺寸比脚要大得多

神疾病，例如我们发现，阿尔茨海默病患者的大脑会出现组织萎缩。

　　通过脑部扫描，我们可以看到人们在思考或做梦的时候，大脑的各个区域在进行哪些不同的活动，以及大脑是否出现了异常或损伤。但我们还是不清楚人们在想什么，虽然观察别人的想法会产生涉及个人隐私的伦理问题，但这对那些瘫痪和无法交流的人来说是非常有帮助的。

意念移物

脑机接口（BCI）设备可以接收脑电波并将其直接输入计算机。利用这种技术，我们可以训练猕猴用意念来移动物体。在实验中，猕猴的手臂被固定住，实验者将一个细如发丝的传感器植入它的大脑，该传感器能够检测到传入猕猴手臂上的信号，然后用它们来控制机械手臂。这个技术目前对人类来说，还不是很安全。

大脑与身体，谁说了算？

笛卡尔一直在试图解决心智和身体如何相互作用的问题：人类究竟如何将"举起一只手"的意图转化为行动本身。但实际上，大脑对身体的影响似乎远比这要复杂。有一种非常奇怪的罕见精神疾病，叫作科塔尔综合征，患有这种可怕疾病的人会认为自己已经死了。在大脑扫描技术出现之前,人们无法解释患者出现的行为。但最近的研究揭示了一些线索:患有科塔尔综合征的人,他们的感觉器官、边缘系统和负责情绪的杏仁体之间的联系似乎完全缺失。这导致了患者无论看到、听到、闻到或触摸到什么,都不会引起任何情感反应。由于丧失了与外部世界的所有互动,患者的大脑唯一能够合理化解读这种现象的方式,就是认定自己已经死了。这个毫无疑问听起来非常疯狂的结论,其实是出于理性的分析:当大脑看到受损的自己所产生的证据(情感反应丧失)时,便会得出一个似乎能够合理解释一切现象的结论。

暂时性的断连

神经学家维兰努亚·拉玛钱德朗(Vilayanur S. Ramachandran)认为,抑郁症和焦虑症患者经常经历的极端情绪和极端感受,可能是由类似科塔尔综合征的机制所引起的,但程度较轻,类似一种暂时性的断连。

这也许可以解释人们在巨大的压力之下,感觉不到或意识不到创伤性伤害的现象。在紧急情况下,杏仁体会停止工作,而位于大脑深处的前扣带皮层则变得活跃起来。大脑的这个功能可以让你保持警觉镇定，帮助你在危急情况之下做出正确的反应。在战争中，大脑的这一功能可以得到体现，有时战士们的一条腿被炸飞了，但他们甚至感觉不到。

大脑控制的康复与疾病

我们都听说过"心身疾病"——非身体原因所导致的不健康状况。许多症状与压力、抑郁和极端情绪有关，躯体症状主要表现为头痛、呕吐、胃痛和肌肉痛。还有一种治疗方式我们也很熟悉，那就是利用"安慰剂效应"，使用一些完全不添加有效药物成分但仍然会使患者感觉好起来的"药物"。有充分的研究证据表明，如果人们相信他们正在服用一种药性很强或很有效的药物，他们通常会好转，即使给他们的只是糖片。许多人怀疑，有一些替代疗法能够成功发挥作用，也是利用了安慰剂效应。

而更令人惊讶和令人信服的大脑控制身体的证据，是反向的安慰剂效应，它被称为"反安慰剂效应"。当被试者相信一种药物对身体有害时，哪怕是完全无害的物质也会引发疾病甚至死亡。在药物试验中，大约25%服用安慰剂的被试者真的出现了他们被告知会对真正药物产生的副作用。

特别是疾病

另一个反安慰剂效应的重要例子是被诅咒之后死亡的人。那些相信诅咒作用的巫毒信徒，经常会在被诅咒之后死亡。单从生理角度来看，这种事情完全没有理由发生。许多医生也注意到，一些病人接受了负面预言之后不久就去世了，可能比医生的预期还要早。在另外一个案例中，一名参与药物试验的年轻男子以为自己服用了过量（29粒胶囊）的抗抑郁药，结果患上了危险的疾病，而被告知他属于对照组，服用的只是一种无害的安慰剂时，他很快就好转了。甚至还有人认为，香烟包装上的健康警告可能会使香烟变得更危险。

第 2 章 是什么驱动着你？

大脑的第一个目标是让你活着，之后才是满足其他需求。

你每天做这些事情是出于什么原因？激励因素有很多。例如，你做早餐是因为你饿了，去工作是因为你需要钱。而当你满足了基本需求，你可能又会继续去做那些你认为会让你快乐的事情。

马斯洛金字塔

1954年，美国心理学家亚伯拉罕·马斯洛（Abraham Maslow）发表了一张解释人类动机的图表，即"需求金字塔"。这张图表展示了人类必须被满足的需求层次，

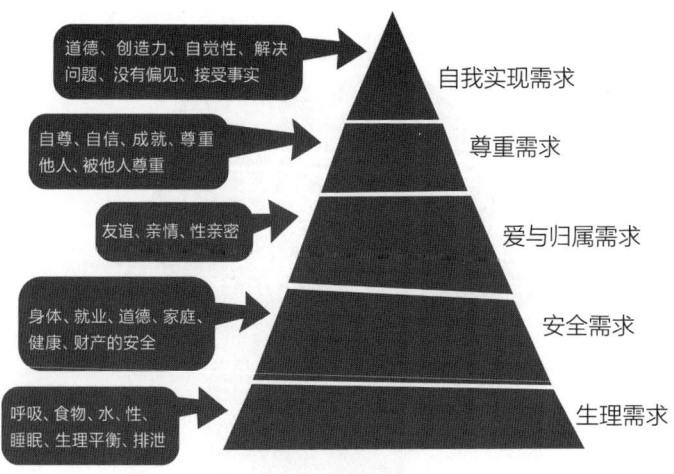

马斯洛需求金字塔

根据马斯洛的观点，试图满足这些需求的欲念为人类的所有努力提供了动力。当其中一个层次的需求得到满足后，我们就会依次进入更高一个层次的需求。

饱食暖衣

马斯洛金字塔的底部是最基本的身体需求——食物、水、睡眠、空气和基本的身体机能（有趣的是，还包括性）。一旦这些基本需求得到满足，人们就会开始努力满足对安全的需求，这不仅是指身体上的安全，还指拥有一份稳定的工作、一所不会被收走的房子，以及有理由相信自己不会随时因心脏病发作而死亡（马斯洛就死于突发心脏病）。

人与社会

接着，金字塔进入我们与他人关系更密切的需求。对爱与归属感的需求可以通过友谊、亲情和性亲密来满足。再继续向上是尊重，包括尊重他人以及获得他人的尊重，也包括自尊和自信。金字塔的顶峰是"自我实现"，在追求这个层次需求满足的过程中，人们会感到十分满足，成为自己想成为的人。

虽然心理学家的研究早已不再使用马斯洛的需求金字塔理论，但它仍在商业研究和社会学中被广泛提及。

行为与动机

马斯洛提出，这种层级递进的需求激励着人类的行为。如果我们饿了，我们会优先寻找吃的东西；如果我们没有足够的睡眠，那么对于睡眠的需求就会控制我们的行为，让我们尽力找时间和安全的空间来休息。一旦一层需求得到满足，我们就会有动力去满足更高一层。马斯洛声称，我们不能不按顺序地满足这些需求。例如，只有当我们有了足够的食物和水之后，我们才能进入更高一层需求，比如找一份稳定工作。

只有当所有较低层级的需求都得到满足时，我们才能开始追求自我实现。由于许多人无法满足较低层次的需求，可能很少有人（可能只有1%或2%）能够满足自我实现的需求。这是一个相当令人沮丧的前景，马斯洛一定为此感到很失望。但是，事实真的如此吗？

新的观点

几千年来，哲学和宗教一直在马斯洛所认为的高级需求和他所称的低级需求之间进行斗争，它们之间处于核心地位的相互作用来自冲突，而不是来自从一层进阶到另一层。与否认或压制需求的第欧根尼（Diogenes）不同，马斯洛不同寻常地承认了需求的重要性，甚至是首要性。对马斯洛来说，当物质需求得到满足而不是被回避时，更伟大的事情才有可能实现。

需求层次理论的适用性

在对有限的人群样本进行了研究和思考之后，马斯洛提出了他的需求层次理论，所以这个层次理论其实更偏向于关注美国白人男性的需求。按照马斯洛的规则，耶稣基督不可能满足自我实现的需求——他出生在贫穷家庭的马厩里并承诺保持贞洁，这样看来，他连第一个层次的需求都满足不了。一般来说，马斯洛的需求层次理论不适用于不同的时期、地域的文化或社会。20世纪

> ## 马斯洛的人本主义心理学
>
> 亚伯拉罕·马斯洛出生于纽约,是家里7个孩子中最小的一个。他被认为精神不稳定,饱受反犹偏见和欺凌,与母亲关系很不好,他既不喜欢也不尊重她。后来,他在哥伦比亚大学与心理学家阿尔弗雷德·阿德勒(Alfred Adler,西格蒙德·弗洛伊德的早期同事之一)一起工作,阿德勒成了他的导师。马斯洛决定研究关于健康心智的心理学,而没有选择更常见的研究领域——了解和治疗心理障碍的精神病理学。他开始探索是什么激励人们,个人力量和成就的来源和动力是什么,他把这项研究称为"人本主义心理学"。
>
> 他在需求层次、自我实现和高峰体验方面的研究非常有影响力。

50年代的美国是一个个人主义社会,那么如果在一个集体主义社会里,人们不是为了个人发展,而是为了整个家庭、群体或社会的利益而努力,他的需求金字塔理论还适用吗?

很明显,即使在个人主义社会,人们也可以跨越需求层级,达到自我实现。历史上有无数创造性人才经受过贫困生活和疾病的折磨,安全需求完全得不到满足,但仍然能够成就非凡:贝多芬失聪,索尔仁尼琴被囚禁,居里夫人死于长期的辐射,弗雷迪·墨丘里死于艾滋病等,不一而足。这样的逆境甚至可以成为自我实现的激励因素。

一些研究比较了美国和中东的人们分别在战争与和

需求和欲望

人不仅有需求,还有欲望。需求和欲望的区别在于,需求是有限的、可量化的,而欲望则不是。一旦我们的基本需求得到满足,我们就可以转向另一个目标,例如,一旦我们有了足够的空气、食物和水,对于基础需求来说,我们就不需要更多了。虽然我们可能喜欢多种多样的食物,或者额外的零食或甜点,但它们并不是必需的。但欲望是无限的:我们可能想要一部手机,当我们有了一部手机,我们可能又想要一个更好的东西,如一台相机或一辆汽车。人的欲望是永无止境的,因为我们总是会想要更多、更好的东西。

平时期的需求认知,发现他们在需求的优先次序上存在显著差异。有一些需求也随着年龄而变化——儿童会优先考虑生理需求和爱的需求,而青少年和年轻人则更关注尊重的需求。

层级应该更多还是更少?

马斯洛需求金字塔在20世纪60年代和70年代扩大到7层甚至8层。新加入的层次是认知和审美的需求,位于自我实现的下面一层,而位于最高一层的,是"超越自我"的需求(非常符合20世纪60年代的思潮)。认知需求是对知识和意义的需求;审美需求包括对美的外观、美的形式和平衡美的欣赏;超越自我指的是把注意力由自己转向他人,转向这个世界,关注他人的自我实现。

ERG 理论

美国心理学家克雷顿·奥尔德弗(Clayton Alderfer)在马斯洛的需求金字塔理论基础上略做改进,将

> **斯多葛学派和犬儒主义者**
>
> 犬儒主义和禁欲主义的哲学运动以及一些东方宗教,指明了一条通往平静、启蒙和自我实现的道路,绕过了马斯洛所说的必须得到满足的许多"需求"。他们相信成就感来自超越需求,而非满足需求。一个人只有不因需求未满足而困扰,不执着于升职、买更大的电视、挣更多的钱,才能过上更加宁静平和、内心富足的生活。

需求分为生存需求、人际关系需求和成长需求(existence, relatedness and growth, ERG)。奥尔德弗认为,马斯洛理论的最低层次可以总结为"生存需求";他把那些与社会地位、他人关系有关的需求归类为"人际关系需求";把对自尊和自我实现的需要称为"成长需求"。

奥尔德弗也阐明了给需求"分级"的危害:如果一个人更高层次的需求没有得到满足,他就会从"梯子"上滑下来,在较低层次的需求上继续加倍努力,以满足更高层次的需求。我们每天都能在一些人身上看到这一点,这些人认为,如果他们挣得更多,花更多的钱买各种各样的东西,就会感到满足和快乐。实际上,企图通过物质来满足精神需求的做法注定会带来失败。

需求没有高低之分

当一些心理学家在马斯洛需求金字塔中硬塞进新的层次时,另一些人则热衷于推翻它并提出了一个更平面的需求系统取而代之。出生在智利的德国经济学家、环境学家曼弗雷德·马克斯-尼夫(Manfred Max-Neef)提出了一种人类需求分类,他认为这些需求是相互关联、相互依赖的。他把人类的需求分为以下几类:

- 生存 · 保护 · 情感 · 理解 · 参与
- 休闲 · 创造 · 身份认同 · 自由

曼弗雷德·马克斯-尼夫将它们归类为是(属性)、拥有(事物)、做事(行为)和互动(环境)4个类别,列出了一个由36个单元格组成的矩阵表格。

对"本我"的监督

精神分析之父西格蒙德·弗洛伊德（Sigmund Freud）将精神分为3个层次：本我、自我和超我。本我指的是无拘无束的本能、激情和渴望；而自我会监督本我以使其遵循规则，在社会中规范本我的行为，向世界做一些妥协，以避免太多的冲突；超我类似于良知，可以防止本我将出格的想法付诸行动。本我是一个人主要的驱动力，自我和超我则负责监督它。

这些人类的基本需求本不需要以任何特定的顺序得到满足，而且一些需求在得到满足的同时，其他需求也会相应地得到满足。没有人规定需求的等级制度，但为了让社会繁荣，人们的需求需要得到满足。而正是人们对这些需求的不断追随，才让社会产生了衡量"富有"和"贫穷"的方式。

满足需求的类别

马克斯－尼夫继续将满足（或未满足）需求的方式归为 6 个类别。它们分别是：

- 违规满足：这一类型的满足声称是为了满足需求，却使情况变得更糟。比如，一个人携带武器来满足个人安全的需要
- 伪满足：这一类型的满足声称能满足某种需求，但实际收效甚微。例如，有些人在身穿名牌服装时获得了一种身份感，但身份其实是属于衣服，并不属于你自己
- 抑制满足：这一类型的满足过度满足了某一种需求，从而使其他需求难以得到满足。例如，当父母过度保护孩子时，他们就会使孩子难以形成认同、理解和爱
- 单一满足：这一类型的满足只针对单一需求，对其他需求没有任何帮助。例如，向饥饿的人提供粮食援助仅仅有助于满足他们对粮食的需求，但不能满足他们对住房或供暖的需求，也不能解决他们未来的粮食需求
- 协同满足：这一类型的满足既针对特定需求，也有助于满足其他需求。例如，学校提供的营养丰富的膳食不仅满足了儿童对食物的需求，也有助于培养儿童健康饮食的理念和社区意识

第 3 章 你有自己的主见吗?

你明明知道自己的想法,为什么轻易就会被人说服?

想象一下这个场景：你和朋友正在观看一档电视选秀节目，你不是很喜欢其中一位表演者，但其他人都支持他。这个时候，你是会逆势而上批评这个最受欢迎的表演者，还是会开始动摇、随波逐流地认为这个人可能也没那么差？毕竟你的朋友都喜欢他的表演，也许他身上有一些闪光点，只是你没有发现？

心理学实验表明，我们对从众压力的抵抗能力并没有我们想象中的那么强。即使不从众没有任何物质成本，我们也会选择随声附和。那么，我们为什么会这么容易随波逐流呢？

阿希的从众实验

1951年，波兰出生的社会心理学家所罗门·阿希（Solomon Asch）在宾夕法尼亚州的斯沃斯莫尔学院进行了一项有开创性意义的从众实验。实验由 名受试者和7名志愿者组成一个小组，这7个人实际上是阿希安排好的"假"被试者，他们按照约定好的"剧本"配合完成实验。

实验者对这一组人出示了两张卡片，其中一张卡片上有一条竖线，另一张卡片上有三条竖线，其中一条线与第一张卡片上的线一样长。被试者被要求说出标记为A、B和C的三条线中，哪一条与第一张卡片上的线一样长。这个实验重复了很多次，在第一次实验中，阿希安排的假被试者给出了正确答案；在之后的实验中，他们全部给出相同的错误答案，所有的假被试者都优先作答，真被试者最后作答。阿希想知道的是，被试者心中的答案是否会因为其他人给出的错误答案而动摇。

在对照组的实验中，被试者需要在没有其他人在场的情况下，即没有从众的压力的情况下，独自给出答案。在对照组中，被试者给出错误答案的次数占比不到1%，这表明这个任务本身并不是很困难。

在实验组的实验中，当假被试者给出错误答案时，真被试者给出错误答案的次数占33%，75%的被试者至少给出了一次错误答案。实验结束之后，阿希采访了被试者，向他们坦白了实验的真实情况，并记录了他们对自己行为的解释。

跟随正确的队伍

那些遵从小组答案的被试者（无论答案正确与否），他们的想法可能有以下几种：

- 认为错误的答案是正确的（有这种想法的人相对较少）
- 他们认为肯定是自己看错了，因为其他人的答案都跟自己不一样（"判断歪曲"）
- 意识到其他人给出的答案都是错误的，但为了避免显得与众不同或低人一等，只好附和了这个观点（"行为歪曲"）

大部分的被试者认为，如果其他人的答案都跟自己不一样，那一定是自己错了，也就是上述想法中的"判断歪曲"。

那些选择不从众的被试者，他们的想法可能有以下几种：

- 即使感受到了冲突，他们也要自信地表达自己与众不同的观点

- 以沉默的方式表达不同于其他人的观点，不想制造冲突
- 虽然对自己的答案表示怀疑，但仍然给出了自己认为正确的答案，因为他们觉得有必要正确地完成任务

暂时服从多数

在实验中，阿希发现，如果被试者发现另一个人也给出了正确的回答，或者允许被试者把他们的答案用笔记下来，而不是大声说出来，答案的一致性就会降低。这表明他们不想给出明显"错误"的答案，以免在其他被试者面前显得愚蠢，所以他们选择从众，而不是纠结正确答案到底是什么，或是不同意大多数人的答案。

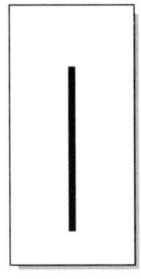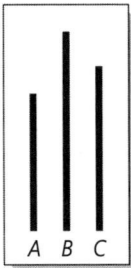

在阿希的从众实验中，被试者需要说出右侧卡片上哪条线与左侧卡片上的线一样长

阿希认为，该从众实验的结果是规范性社会影响的证据，也就是说，为了被所在的群体接受，人们倾向于公开地服从多数人的决定或观点，即使他们私底下可能并不赞同。但社会心理学家约翰·特纳（John Turner）提出，被试者在采访中透露，他们当时真的不确定正确答案是什么。实验者可能觉得答案显而易见，但对被试者来说却未必如此。卡片上这种题目怎么会有人答错呢？他们真的怀疑自己的答案吗？还是他们在试图说服自己，宁愿认为自己不擅长比较两条线的长度，也不愿意承认自己迎合了一个糟糕的决定？特纳提出了"自我归类论"，用于研究我们如何看待自己，以及如何解释自己的行为。

同辈压力

阿希的实验研究的是"同辈压力"，这是一种让自己的行为符合群体规范的从众压力。例如，促使你想买某个品牌的智能手机或运动鞋的因素不仅仅是广告，你还会被你周围拥有这些产品的人影响。如果所有你尊敬的、属于你渴望加入的社会群体的、有眼光的人选择了某种特定的产品,他们的选择就一定是对的吗?同辈压力可以解释为什么年轻人会开始吸烟、卷入未成年人性行为或网络霸凌行为等。

广告制造出了一种"像你一样"成功、有魅力、有智慧的人都在使用他们的产品的幻象,所以即使你周围的人没有使用他们的产品,你也会认为自己如果不用,就会变成一个不受欢迎的人。广告似乎在对人们说:"你真的是一个有魅力又充满智慧的人吗?快用手表、手机或汽车等产品来证明自己吧!"实际上只有真正自信的人,才会在身边的每个人都拥有最新款手机时,毫不在意地买一部便宜、过时的手机。生活中还有一些领域也颇有心机地利用了同辈压力,例如,公司老板会举办一些增进感情的团建活动,比如周末野营、聚会和其他社交活动,让员工们相信他们是朋友,而不仅仅是同事。这样一来,当一位员工看到其他团队成员每天都很早到公司、努力工作,那么他很可能也会这样做。

不合群也没关系

阿希的实验并不邪恶,它并没有要求被试者做任

> **到底是谁在施压?**
>
> 当我们想到同辈压力时,我们倾向于认为是"同辈"在给某个人施加压力,让他做某事,比如抽烟或喝酒。这种情况确实会发生,但实际上,压力更多的是来自我们自己。我们想要成为那些喜欢危险运动或在派对上狂欢的人,是因为做这些事情的人很酷,而我们也想变得很酷,想让自己成为在别人和自己眼中都很酷的人。来自内部的压力比外部压力更沉重,而且可能更危险。

何不道德的事情,甚至连让他们不舒服的事情都没有。如果被试者不是一个喜欢从众的人,那么他所能预料到的最坏的结果,只不过是受到一些陌生人的嘲笑;但对于从众的人来说,当他们得知实验真相时,那种尴尬简直是灾难。人们很容易低估同辈压力的力量,你无法想象为了从众,为了融入一个群体,人们会做出多离谱的事。看起来,人们似乎会做一些自己之前认为不可思议的事情。

"第三浪潮"实验

1967年,在美国加州的帕洛阿托,历史老师罗恩·琼斯(Ron Jones)在讲授关于纳粹德国的内容时,发现他的高中学生们很难相信法西斯主义在纳粹德国扎根是如此容易和迅速。学生们无法想象,聪慧的德国老百姓怎么会接受毒气室、万年帝国这样荒谬的意识形态。为了证明自己的观点,琼斯老师没有使用往常的教学方法。

他发起了一场名为"第三浪潮"的运动,并且告诉他的学生这场运动的目的是推翻民主。你可能会认为这样做会让学生们嗤之以鼻,但琼斯用令人信服的理由为这个运动辩护,说推翻民主可以"提高行为标准,让人们获得更大的利益"。他还说,民主的问题在于太注重个人,削弱了集体的力量。

行为的转变

在实验的第一天,琼斯老师坚持让学生站起来提问或回答问题;他告诉学生们每次发言前都要称呼他为

"琼斯老师",让他们按照座位安排就座,在课堂上执行严格的纪律规定。作为一个"绝对权威人物",他大大提高了班级的效率。起初,他打算在第一天之后就停止实验,但因实验进展顺利,于是他决定走得再远一些。

第二天,他设计了一种敬礼的方式,要求学生们即使在课外也要用这种敬礼的方式互相问候,所有学生都照做了,整个团体表现出了惊人的凝聚力和自律性。人们都喜欢归属感,而当归属感越特别时,人们就越想要拥有。到了第三天,"运动"已经蔓延到了历史课之外,其他班级的学生也要求加入。所有成员的学习成绩和积极性都有了很大的提高。琼斯给每个成员分配了单独的任务,比如设计横幅,教他们如何招募新成员,以及不让非成员进入他们的教室,等等。到第三天结束时,团队成员数量已经从起初的30名发展至200名。一些成员甚至开始自发地举报违反规定的学生,这场运动已经变成了一场自我监督的运动。

一路失控

到了第四天,琼斯觉得这个实验已经失去了控制,于是决定结束它。他告诉所有成员,第二天电视上会宣布,该运动是一个全国性的运动,他们将在中午参加一个集会,观看该运动最高领导候选人的直播。当学生们出现在集会上时,琼斯告诉他们,他们只是参与了一个法西斯主义实验,并且大家都是自愿、迅速地,把自己融入一个深信自己优越性的群体。然后他给他们看了一部关于纳粹德国的电影。

> "纪律铸造力量,集体铸造力量,行动铸造力量,自豪铸造力量。"
>
> 琼斯第三浪潮小组座右铭

你知道自己是谁吗？

根据心理学家温迪·特雷诺（Wendy Treynor）的说法，当我们屈服于同辈压力时，"身份转变效应"就会起作用。首先，如果我们的行为不符合一个集体的标准，我们会害怕被集体排斥。而当我们开始调整自己的行为以适应集体时，我们会感到不舒服，因为我们的行为与自己的信念或内心的行为标准不符，这就是认知失调。为了解决内部冲突，我们会调整自己的标准，以适应我们所面对的集体标准。调整标准之后，我们就会回到没有冲突、内外皆和谐的状态，快乐地被这个集体接纳。

第4章 人人为我,还是我为人人?

人类天生是自私的还是无私的?
还是说,无私只是自私的另一种形式?

如果任由人类自行其是，我们是会善待他人，还是会变得野蛮自私？生物学和自私基因理论可以从两个角度来论证这个问题——作为个体，自私有利于你和你的家庭（你的基因延续）；但对于整个物种来说，利他、合作更有利于群体的发展。

"野生"人类

我们无法脱离社会去研究"野生"人类的本性，我们的社会文明规范已经沉淀了几千年之久，无法观察到完全不受其影响的人类的"纯天然"行为。即使是20世纪研究非工业化社会的人类学家，也只能通过一些规则来实施研究，这些规则要么强化、要么掩盖了那些可能的人类先天行为。然而，人类也是动物，我们可以通过观察其他动物，来了解同理心和无私是否是天生的特征。如果其他动物天生是乐于提供帮助的，甚至是利他的，那么也许人类也是如此。

老鼠比人类还要无私吗？

我们通常认为老鼠是肮脏的，它们携带疾病，而且看上去很恶心。但其实它们跟人类一样，也是聪明、无私的。1958年的一项研究发现，如果让一只老鼠按杠杆获取食物，但同时电击另一只老鼠，那么第一只老鼠就不会进食。

1967年的一项更复杂的研究对此进行了进一步的探索。笼子里有两个用来运送食物的杠杆，一个很容易操作，另一个很难操作，老鼠们很明智地选择了容易操作的杠杆。但是，系统发生了改变，当一组老鼠使用容易操作的杠杆就会使另外一组老鼠受到电击时，使用容易操作的杠杆的老鼠则会选择合作操作难的杠杆。

2011年，芝加哥的一项研究发现，老鼠的利他行为还不止这么简单。当给到老鼠两个选择——按下操纵杆就能释放被困老鼠或者获得巧克力，老鼠们选择了释放被困老鼠，然后它们把巧克力分给了逃出来的老鼠。它们本可以先把巧克力吃完，然后再释放被困老鼠，但它们选择了同时分享。

没有用的人会被踢出洞穴吗?

如果人类天生就有一种"人人为我"的自私态度,我们就会认为,在资源稀缺的社会,对集体不再有用的人应该被排斥在外。然而,"我为人人"的态度盛行的证据表明,实际情况并非如此。我们发现,一些史前洞穴居民的遗骸有严重受伤或残疾的迹象,这可能使他们无法收集或制作食物,或执行其他重要任务。然而其中一些残疾的遗骸明显已经进入了老年,这说明,他们在残疾后的很长一段时间得到了集体的照顾。

在越南北部出土了4 000年前一具20多岁男子的遗骸,可以看出这个男子生前患有严重残疾,这是一种由遗传疾病导致的残疾,他可能从青春期开始就已经残疾了,而他在残疾之后又活了10年,这证明有人照顾过他。在伊拉克发现的一具45 000年前的严重残疾男子的骨骼,以及一具53万年前生活在西班牙的脑损伤儿童的头骨,这些例子都表明"来自集体的关爱"可以追溯到很久以前。

在越南北部发现的一具史前残疾男子的骨骼。考古学家得出的结论是:他的手臂功能几乎丧失,也无法养活自己,他只有在社群中其他成员的照顾下才能活到成年

利他主义对人们有好处吗?

猴子们花很多时间互相梳理毛发,这种明显的善举对集体有明显的好处。它不仅有助于建立个体之间的联系,使集体更强大,还减少了寄生虫的数量,使集体更健康,使每个个体受益。但事情远不止于此。

一些科学家认为,和人类的情况一样,动物的利他主义也可以使它们对配偶更具吸引力,因为这不仅说明它们善良无私,还说明,它们有多余的资源可以分享——有多余的时间为兄弟姐妹梳理毛发的猕猴,一定很擅长寻找食物。

伦敦罗汉普顿大学的斯图尔特·森普尔(Stuart Semple)研究了地中海猕猴的毛发梳理和压力之间的关系。他发现,为其他猕猴梳理毛发的猕猴比不梳理毛发的猕猴压力更小。但是,究竟是悠闲自在、没有

> "她可真是一个好朋友,她会把她所有的熟人都扔进水里,以便把他们从水里捞出来取乐。"
>
> ———
>
> 夏尔·莫里斯·德·塔列朗(Charles Maurice de Talleyrand)

压力的猕猴更有可能为其他猕猴梳理毛发；还是梳理毛发会让猕猴变得更放松并帮助猕猴减压，目前还无法确定。其中的因果关系需要更进一步的研究。

第5章

你在乎名人的观点吗？

一个人歌唱得好，不代表他了解政治。

歌手能够出名和成功是因为他们歌唱得好，演员是因为他们戏演得好，运动员是因为他们擅长运动，模特是因为他们长得好看。在唱歌、表演、运动或者外表出众等方面，这些人几乎已经做到最好了，很少有人能比他们更厉害。但是对于这些明星在政治、慈善、育儿、健康饮食、烹饪或者其他领域的表现如何以及所持有的观点，我们为何如此感兴趣呢？

这种对名人的观点和生活选择的迷恋被称为"光环效应"。

他看起来是个好人

1920年，美国心理学家爱德华·桑代克（Edward Thorndike）发表了他的研究成果，内容是关于军官如何评价他们所负责的士兵。军官需要从物理或身体素质（如整洁、说话声音和举止）、智力、领导技能和人格素养（包括可靠性、忠诚度和无私）等方面来评估这些士兵。军官们往往会发现，这些士兵要么全方面表现都很好，要么几乎所有方面都很差。很少有士兵某些方面评分很好，而其他方面评分很差的例子。

我们似乎有一种倾向，喜欢用人们身上的一个特点来归纳其他特点，所以对一个人的正面评价很可能会延伸到他们个性的各个方面；反之亦然，如果我们不喜欢一个人，我们会认为他们一无是处。而且，我们不仅会归纳那些具有相关性的特征（例如，如果一个人令人讨厌、自私，那他可能也不乐于助人、很吝啬，这是合理的推论），还延伸到了不相关的特征（例如，如果一个人自私，那他估计也不太聪明）。这是一种甚至可以混合生理和心理特征的归纳行为，例如，我们是否喜欢某人的说话声音或口音，或某人长相是否讨人喜欢，都会影响我们对他们性格的看法。

你会买贝克汉姆代言的内衣吗？

广告商利用光环效应，让名人代言他们的产品。有些代言是有意义的。例如，如果一名成功的运动员为跑鞋做广告，那么我们有充分的理由认为，他一定很懂跑鞋，所以我们应该相信他（不过更有可能的情况是，他做广告只是为了钱）。但是如果他代言一个内衣品牌，我们为什么要相信他在这方面的品位呢？

> ### 里根会是个好总统——但为什么呢?
>
> 演员有时也会成为政治家。有些演员确实很聪慧,可以成为很好的政治家,但大多数情况下并非总是如此。罗纳德·里根(Ronald Reagan)在担任美国总统期间,曾因其明显的愚蠢行为和懒惰而遭到嘲笑,他还被发现在重要会议期间睡觉,做笔记的内容也非常不准确,甚至可笑。这些特点在他担任加州州长时很明显,但他仍然被提名并被票选为美国总统。这是为什么呢?因为人们喜欢他演的电影,喜欢他的亲和力和充满魅力的举止,所以就会认为他是一位好总统。事实证明,在里根执政期间,美国经历了一段经济繁荣、国泰民安、失业率低的时期,也见证了"冷战"的结束。

同样,我们为什么要相信由一个年轻貌美的模特代言的抗皱霜?事实是她那么年轻,当然不会有皱纹啊。

广告商们总是致力于利用人们的渴望和联想——当人们看到一个有魅力的人在一个迷人的环境中使用某种特定的产品,人们就会相信,如果使用同样的产品,自己也会获得这种魅力。实际上,名人代言的意义远不止于此，它利用的是我们的潜意识假设——如果一个人擅长唱歌、表演或踢球，那么他在选择早餐麦片、汽车或内衣时也会有良好的判断力。将产品与名人联系在一起能够给人留下良好印象，并让这种印象具有"黏性"——这意味着即使我们对该产品一无所知，也会记住它并因此更有可能选择它；反之亦然——如果我们不喜欢某个名人，我们就不太可能选择他代言的产品。这就是为什么广告公司和厂商通常只选择外表有吸引力、公众形象好的名人代言产品，而一旦这些名人陷入丑闻风波，广告商很快就会放弃他们。

第一印象很重要

众所周知，第一印象很难改变。如果你在第一次见面时给别人留下了不好的印象，那么你很难让他对你再产生好感；如果你从一开始就喜欢上了某个人，那么只要他没有做出一些很严重的错事，你就会一直喜欢他。

我们不喜欢出错或承认自己的错误，而改变我们的第一印象就意味着首先需要承认自己最初的评估是错误的。事实上，在相处的过程中，我们已经发现有些人并没有那么好，但我们宁愿继续和他保持原有的关系，也不愿意承认我们一开始对他的评价是错的。而且我们在某人身上投入的时间和精力越多，就越难承认我们一开始看错了人。

他不可能做出这种事

当一个名人被指控犯有可怕的罪行时，公众往往会下意识地对这一指控进行谴责，但这很大程度上也取决于名人的公众形象。2014年，当电影导演伍迪·艾伦（Woody Allen）被养女指控虐待时，许多不了解这个导演或这个案件的人，迅速得出了他是无辜或有罪的结论。一些人基于对他作为电影导演的钦佩，认为他的女儿在撒谎；而其他许多人也出于同样毫无根据的理由，认为他有罪。

> "一项研究发现，同样一款新车广告，观看有年轻貌美的女模特展示的男性，相比于观看没有女模特展示的男性，认为这款车更快、更有吸引力、更贵、设计更好。然而当随后被问及这个问题时，这些男性拒绝相信女模特的存在影响了他们的判断。"
>
> 罗伯特·西奥迪尼
> （Robert Cialdini）
> 亚利桑那州立大学

同样的"光环"还保护着许多身居要职和被公众信任的人。一个人有良好的政治头脑,并不意味着他或她在性行为上就是道德的,或者在对待他们的员工或孩子的问题上是诚实的。

而对于一个位卑言轻的普通人来说,他的话则不太可能被公众相信——比如那个被英国电视节目主持人吉米·萨维尔(Jimmy Savile)虐待过的孩子。

> **你还喜欢他们的作品吗?**
>
> 埃里克·吉尔(Eric Gill)是一位才华横溢的艺术家,但他同时也性虐待自己的孩子,与妹妹乱伦,还与自己的狗发生性关系;电影导演罗曼·波兰斯基(Roman Polanski)被指控强奸未成年人,1977年,他在保释期间逃到了法国,现在仍然是一名被通缉的逃犯,无法回到美国;诗人埃兹拉·庞德(Ezra Pound)是反犹主义的纳粹的同情者;作曲家理查德·瓦格纳(Richard Wagner)以反犹主义观点而闻名;卡尔·奥尔夫(Carl Orff)是纳粹的同情者;提出"光环效应"的爱德华·桑代克是一位有影响力的心理学家,却提倡优生学。

被玷污的崇拜

如果一个创作者的私生活不光彩，当我们发现自己欣赏他们的作品时，就会感到不安。如果我们知道一个艺术家虐待他的妻子和孩子，或者是种族主义者或法西斯主义者，即使他们已经死了，无法再从我们对他们的喜爱中获益了，我们还是会对他们的作品感到不舒服。这就是光环效应的反向作用：当我们不喜欢某人性格的某一方面，它会影响到其他所有方面。

外貌的影响

外貌出众的人在很多方面都比长相平平的人有优势：他们更有可能找到工作，更有可能得到帮助，甚至如果他们犯罪，更有可能得到法律系统的赦免（除非他们利用自己外貌的吸引力去犯罪，比如诈骗罪）。2013年，意大利的研究人员进行了一项调查，他们递交了一些虚假的求职申请，这些简历上的工作经历相似，不同之处在于简历上的就职者照片有的好看，有的不好看。

研究结果发现，长得好看的人比不好看的人更有可能得到面试通知，平均收到面试通知的比例为30%，好看的女性收到面试通知的比例为54%，好看的男性收到面试通知的比例为47%。

总体而言，长得好看的人一生挣到的钱比长相普通的人多10%—15%。得克萨斯大学的丹尼尔·汉默梅斯（Daniel Hamermesh）计算出，对于外貌达不到平均水平的人来说，一生相当于损失了大约14万美元（89 000英镑）的收入。他呼吁立法来保护那些外貌有缺陷的人，使他们不再因外表而受到歧视。

第6章 关怀会宠坏孩子吗?

当婴儿哭泣时,应该马上过去哄,还是任他哭泣?从长远来看,哪种方法对孩子更好?

科学育儿的趋势长久以来变化莫测,有时专业人士会告诉父母,让婴儿哭一会儿没关系,不要给他们太多的关注,并且要严格按照每4小时喂他们一次;有时又会告诉父母要按需喂食,适应婴儿的睡眠模式并频繁地与婴儿进行大量的拥抱、交谈、陪伴和玩耍。关于科学育儿的方式,到底有没有"正确"答案,还是说,一切只是潮流趋势所至?"正确"的育儿方式对孩子和父母都是正确的吗,还是说,这只是一个应该优先考虑谁的需求的问题?

冷酷的"军事化"育儿

在20世纪上半叶,儿童心理学和育儿方面的"专家"普遍认为,童年的关爱是不必要的宠溺。儿童心理学先驱、美国心理学协会(American Psychological Association)的首任主席格兰维尔·斯坦利·霍尔(Granville Stanley Hall)说过:"我们需要少些多愁善感,多打屁股。"(尽管他是心理学会主席,但他同时也提倡优生学,认为不应该努力帮助身体残疾或有精神疾病的人,因为他们的这些"干扰"会阻碍人类的发展进化。)

在当时很多人都同意"少多愁善感，多打屁股"的说法。家长们普遍认为，即使是对小婴儿，也应将管教置于情感之上。在这个时代，富人们会把孩子送到私立寄宿学校，强制洗冷水澡和痛打一顿被认为是塑造性格的手段。许多父母在情感上疏远了孩子，也许是因为他们认为这样做是有益的，也许只是因为这样做比较方便。

依恋关系理论

正是在这种背景下，英国心理学家约翰·鲍尔比（John Bowlby）研究了儿童的依恋关系，他收集了被收

20世纪初，大多数富裕家庭的孩子很少见到父母，他们由保姆照顾，所以经常与保姆保持着牢固的依恋关系

> "当你想爱抚你的孩子时,请记住,母爱是一种危险的'工具'。它可能会给孩子留下一个永远无法愈合的伤口,这个伤口可能会让孩子的婴儿期不快乐,让青春期成为噩梦。它可能会毁掉孩子成年之后的职业前途,和他们拥有幸福婚姻的机会。
>
> "永远,永远不要吻你的孩子;不要把他们放在腿上;千万不要摇晃他们的摇篮。"
>
> 约翰·华生(John B. Watson)

容的儿童、犯罪儿童以及与父母分离或因战争成为孤儿的儿童的观察数据。由于当时没有理论可以作为他研究儿童依恋关系的基础,鲍尔参考了民族学、进化论和动物行为方面的研究。

他认为康拉德·洛伦茨(Konrad Lorenz)在20世纪30年代关于鸟类印记的研究与儿童依恋关系问题高度相关。他提出了一种理论,认为从进化的角度来说,婴儿与某一个体(通常是母亲)形成亲密关系是有合理原因的。婴儿的一些行为(比如哭泣和微笑)是在鼓励父母和他们互动,对婴儿的刺激做出反应也是父母在进化过程中产生的本能。

鲍尔比怀疑，父母忽略刺激和拒绝互动可能会给婴儿造成不可弥补的伤害，因为它阻止了"早期依恋"的形成。他认为，在缺失早期依恋关系的环境中长大的婴儿，日后可能会出现犯罪行为、抑郁、智力下降，在最极端的情况下，还会出现"冷酷无情的精神变态"行为，完全不考虑自己的行为对他人的情感影响。

关键期

鲍尔比认为，婴儿成长的过程中有一个关键时期，在这个时期必须建立和维持依恋关系。如果婴儿在生命最初的两年里不能与主要照顾者形成并维持一种关系，那么以后就再也没有机会了。他说，在最初的两年里，婴儿应该得到主要依恋对象的持续照顾，通常是母亲（至少在20世纪四五十年代是如此）。鲍尔比的建议对那些把婴儿交给日托机构或其他照顾者照顾的家庭产生了影响。他还表示，在儿童5岁之前打破主要依恋关系，比如与照顾者的分离和照顾者的死亡，都可能会产生心理影响。

在成长初期，儿童通过与母亲的互动或其他主要依

> ### 小鹅的"印记学习"
>
> 奥地利动物学家康拉德·洛伦茨(Konrad Lorenz)研究了新孵出的小灰鹅的"印记学习"行为,这种行为会让它们对出生之后看到的第一个合适的目标物产生依恋。自然界中的小鹅通常看到的是父母,所以小鹅会跟随成年鹅的领导,通过对视觉和听觉刺激的模仿,学习如何成为一只鹅。
>
> 洛伦茨让小鹅出生的时候首先看到自己(或者更确切地说,是自己的靴子——它们会跟着任何穿这双靴子的人),这群小鹅就经常跟着他。

恋关系学习如何为人处世,从而将在这个世界上生存的模式内化。通过学习他们得到了一些非常重要、让他们终身受益的经验:

- 自己是一个有价值的人
- 自己的情感需求会得到满足
- 在探索世界的同时,自己有一个"安全基地"

翻天覆地的变化

继20世纪40年代的依恋关系研究之后，鲍尔比应世界卫生组织（WHO）的要求，研究了战后欧洲无家可归的儿童的心理健康状况。他的著作《孕产妇护理与心理健康》（*Maternal Care and Mental Health*）改变了对孤儿和无家可归的儿童的照顾方式。

与此同时，关于育儿方式的公众舆论正经历着由本杰明·斯波克（Benjamin Spock）博士开创性的作品带来的翻天覆地的变化——《婴幼儿保健常识》（*The Common Sense Book of Baby and Child Care*）推翻了约翰·华生的行为主义育儿法，建议关怀儿童，给予他们爱和情感关怀。这本书后来成为全球畅销书，销量超过5 000万册。

斯波克博士所建议的，在婴儿哭的时候要给他们喂奶和安慰，这在现在看来似乎已经是普通的常识。虽然他的一些实用的婴儿护理建议已经被新的育儿建议取代（例如，他提出的婴儿"趴睡"法，目前已经不建议使用），但他在情感关怀和心理学方面的育儿建议仍然具有影响力。

"四十四大盗"实验

为了验证自己的依恋关系理论,鲍尔比进行了一项实验:他在一家"儿童指导诊所"采访了 44 名被判入室盗窃罪的儿童,以及 44 名在诊所就诊但没有犯罪记录的儿童(作为对照组)。他发现,在 44 名"大盗"中,超过 80% 的人在幼年时曾与母亲分开超过 6 个月,超过 30% 的人表现出冷酷无情的精神变态症状。在对照组中,只有一小部分儿童曾与母亲分开,而且没有人表现出精神变态症状。

这项研究的批评者指出,与母亲的分离经历完全是被试者的自说自话,信息可能是不准确的(尽管为什么不应该相信被试者成了另一个争论点)。另外,关于儿童精神变态症状,鲍尔比只是通过进行访谈来确定,所以他得出的结论可能倾向于支持自己的理论,也就是出现了所谓的"实验者偏差"。

新的观点

现在很少有人会质疑"孩子在婴儿期得到至少一个

稳定照顾者的关怀会让孩子终身受益"这个观点。但鲍尔比结论的一些细节受到了抨击。

有人说,在谈到"母爱剥夺"时,鲍尔比并没有区分"剥夺"和"缺失"。剥夺指的是,依恋关系被建立起来之后,被破坏或被剥夺;而缺失指的是,依恋关系根本就没有形成,而后者对孩子的伤害要大得多。另外,鲍尔比的"单一依恋"假设,即婴儿选择依附的人只有一个(通常是母亲),也遭到了一些人的质疑,他们认为这种假设低估了父亲和其他照顾者的贡献。1964年的一项研究发现,婴儿的第一个重要的依恋关系在8个月左右开始出现,但其他的依恋关系很快就会跟进:在18个月大的时候,许多婴儿有了2个、3个、4个甚至更多的依恋关系。仅13%的婴儿只有一个依恋关系。

随着时间的推移,考虑到科学研究方法的要求,鲍尔比仔细地改进了他的理论。

在1981年一项关于"依恋缺失"的研究中,迈克尔·路特(Michael Rutter)发现,从未形成早期依恋关系的孩子在与熟悉的人分开时,不会表现出痛苦。但之后,他们会表现出黏人、依赖他人、求关注和没有原则的友好,再后来会出现无法遵守规则、无法建立持久的关系

抵制斯波克

在斯波克理论之下成长的这一代孩子,他们所经历的世界不断变化着。20世纪60年代的性解放、嗑药的嬉皮士、民权运动等,以及对20世纪50年代电影《复制娇妻》(*Stepford Wives*)中"完美主妇"这种生活方式的抵制,这一切都似乎可以归咎于斯波克博士的育儿理论。那么,导致"自我一代"产生这些极端行为的,是斯波克主张的放任的教育方式吗?

畅销书《积极思考的力量》(*The Power of Positive Thinking*)的作者诺曼·文森特·皮尔(Norman Vincent Peale)写道:"美国为了遵循斯波克博士'即时满足'的育儿理论,让两代人都付出了代价。"

或无法感到内疚的情况。路特认为,这些表现不仅仅是因为儿童时期母亲形象的缺失,还与缺失智力刺激和健康发展所必需的社会经验等因素有关。

"布妈妈"和"金属妈妈"实验

20世纪50年代,"婴儿的主要需求不仅仅是营养,还有亲密的身体接触"这一观点与当时的育儿理论相悖,但后来的研究证实了这一观点:美国心理学家哈里·哈洛(Harry Harlow)进行了一项实验,专门测试对于婴儿来说,母亲的意义是否不仅仅是营养的来源。

如果放在今天,哈洛的实验是不会被允许进行的,但它彻底改变了人们对婴儿期和父母关爱的看法,以及情感关怀对于心理发展的重要性的看法。1958年,哈洛把刚出生的恒河猴从它们的母亲身边带走,把它们关在笼子里。它们可以听到和看到其他小猴子,但它们不能互相触摸,也无法互动。最初在实验室里,哈洛只是用了对做实验来说最高效的方式饲养猴子。但他注意到,那些没有与其他猴子互动的、人工饲养的猴子,在心理上与由父母养育的猴子非常不同。他还注意到,当身边没有其他柔软物的时候,猴宝宝就喜欢抓着它们的尿布不放手。于是,他开始研究母亲的存在和情感关怀在儿童发展中的作用。

哈洛用金属丝和木头做成了假的猴妈妈。每只小猴

单一依恋

单一依恋指的是婴儿对单个成年人的依恋,通常是母亲。这是鲍尔比依恋模型的核心,但并非所有育儿实践的共同特征。例如,在以色列的集体农场"基布兹",以及一些极权政体和极端宗教团体中,由于孩子由集体统一抚养,他们与父母的亲密关系受到了阻碍,一些以这种方式养育长大的孩子已经公开表示,这种育儿方式是有害的。但这并不意味着,孩子不能在和一个以上重要依恋对象的关系中快乐成长,毕竟,父母二人参与抚养的模式显然是最典型的育儿模式。

子都有自己的假猴妈妈,并且和它产生了感情,与其他外观相似的假猴妈妈相比,它们更喜欢自己的"妈妈"。随后,哈洛又创作了一批假猴妈妈,一部分"妈妈"是光秃秃的金属丝框架,另一部分则用布料将金属框架包裹住。他在每个猴宝宝的笼子里都各放了一只"布妈妈"和"金属妈妈",并在两个"妈妈"中的任意一个身上配备了奶瓶。实验结果显示,不管是否配备奶瓶,猴宝宝们都更喜欢"布妈妈"。

在"金属妈妈"配备奶瓶的笼子里,猴宝宝只会去它们那里吃奶,然后回到"布妈妈"那里寻求安慰。如果把小猴子和它们的假妈妈们放在一个新的环境中,它们会在探索环境的同时,经常回到"布妈妈"那里寻求安慰。如果把它们单独置于环境中,它们会产生痛苦的表现(比如蜷缩和尖叫),并且不会去探索环境。

哈洛的研究结论——"营养并不是母子关系中唯一重要的方面"——产生了革命性的影响,它也证实了鲍尔比的发现,即对婴儿持续的情感剥夺可能会对他们的心理发展产生持久的负面影响。

独自住院的孩子

20世纪50年代,鲍尔比和他的同事、社会工作者詹姆斯·罗伯逊(James Robertson)一起宣传了罗伯逊制作的纪录片《两岁小孩去医院》(*A two-old Goes to Hospital*)。电影记录了一个孩子的痛苦经历,她在没有母亲陪伴的情况下住院接受手术,这部电影促使医院和其他国家机构的儿科护理系统进行了重大改革。

站在岔路口

如今,育儿理论分成了两大阵营。一些专业人士主张给宝宝制订一个严格的时间表,遵循科学的作息规范。例如,吉娜·福特(Gina Ford)"简单直接"的育

罗马尼亚孤儿院的孩子们

在罗马尼亚,曾有多达 17 万名儿童被关进孤儿院,他们在那里忍受着忽视和虐待。许多孩子被绑在自己的小床上,躺在自己的污物里,从没有人抱起他们,也没有人向他们表达爱意。1989 年,这些孩子的不幸遭遇为外界所知,许多慈善机构开始向他们提供帮助。很多儿童因为他们所遭受的虐待而表现出持久的影响,有些孩子虽然已经 15 岁了,但看起来却只有六七岁。由于他们的大脑无法产生生长激素,许多孩子的智力受损,这不仅仅是因为营养不良,也是长期被剥夺智力刺激和情感关怀的结果。那些在很小的时候就被带出孤儿院开被充满爱心的寄养家庭领养的孩子,后来取得了良好的进步。但对许多孩子来说,这种伤害是无法弥补的。

儿指南包括了如何训练宝宝晚上睡整夜觉、用坐便器上厕所等一切方法。同时,"婴儿自主"(baby-led)的喂养方式有了更大胆的主张。它建议以婴儿自己的意愿作为主导,发展例如"自主进食"的能力,也就是说不需要父母或者其他照顾者喂饭,让他们自己手抓食物进

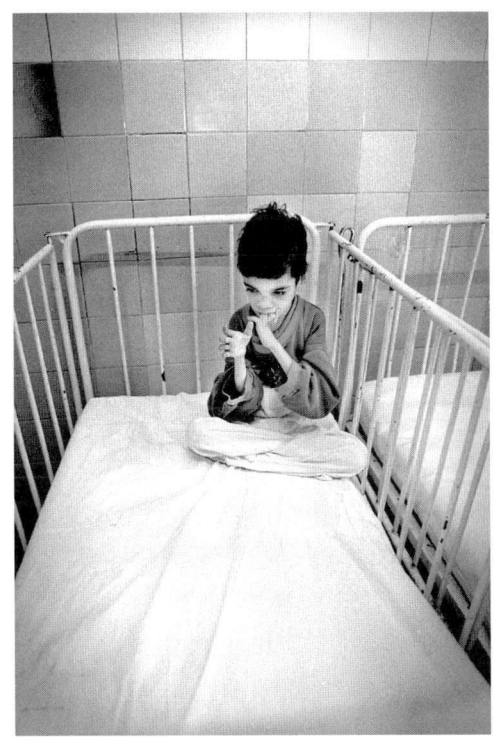

在20世纪80年代,罗马尼亚孤儿院的儿童遭受了忽视和虐待,他们被发现与成年人没有安全的依恋关系。那些在很小的时候就从孤儿院被带走的孩子通常会康复,但许多孩子遭受了持久的心理伤害

食,在吃饭的过程中允许他们扔掉食物,或者玩食物也没有关系。

斯波克鼓励父母们要相信、跟随自己的直觉,不要纠结于各种"育儿专家"的理论方法,这只会让他们质疑自己的育儿能力,越来越焦虑。

第7章

道德是天生的吗?

小婴儿也会表现出道德感吗?

到孩子们开始上学的时候,他们通常已经形成了基本的公平和正义感。他们能够分辨哪些行为友善,哪些行为邪恶(哪些好,哪些坏),他们的这种道德感是从哪里获得的呢?

从家庭生活中获得

幼年时期,孩子们会接触到现实世界、电视和电影中的许多行为。他们目睹了成年人对自己和他人行为的反应,并开始了解什么是可以接受的行为,什么是不能接受的。但是,康涅狄格州耶鲁大学行为心理学家保罗·布鲁姆(Paul Bloom)的研究表明,道德感的形成所涉及的要素,并不仅仅是观察和互动。

布鲁姆对几个月大的婴儿进行了道德上的研究并得出结论:道德并不完全是从我们与他人的交往中习得的。他的研究结果提出了一个令人惊讶的理念,即我们的道德意识是与生俱来的,即使再小的婴儿,他们身上也存在着道德感。在成长的过程中,我们会不断地对自身的道德感进行调整,以适应我们所身处的社会。

道德相对主义

不同的行为在不同的文化共同体中会有不一样的地位。例如，在今天的西方国家，肤色歧视被认为是错误的，但在之前的几个世纪，它一直被认为是可以接受的行为；在伊斯兰国家，饮酒被认为是错误的、被禁止的；在一些社会，同性恋是不合法的；在西方的一些国家，焚烧国旗的行为被认为是错误的；根据一些地方的文化习俗，不可以吃某些种类的肉以及某些食物搭配。这些道德行为都是基于特定文化形成的，身在其中的每个公民都是通过学习而习得的。

另一方面，对于某些行为是道德还是不道德，人们基本达成了普遍共识。比如，大多数社会认为谋杀、偷东西、与近亲发生性关系是错误的行为。

这些道德约束之所以出现在几乎所有的社会中，可能是因为，它们是与生俱来的道德感；也可能因为，它们维持了

> "每个人都无一例外地相信，自己的本土习俗和宗教信仰是全世界最好的。"
>
> 希罗多德，《历史》

社会的稳定,所以才一次又一次地出现。

婴儿的道德感

布鲁姆对小婴儿的研究表明,早在他们成长到可以通过观察他人来学习道德准则之前,他们就表现出了一种基本的道德感。我们可以通过观察他们喜欢看什么,以及他们的目光停留在某件事物上的时间,来判断他们的偏好。

好形状和坏形状

布鲁姆使用这种判断方法做了一个实验,他让婴儿们分别观看"好形状"和"坏形状"的动画片,然后观察他们喜欢哪一个。动画片里一个红色的球正在挣扎着往山上爬,这时会出现两种情况:红球要么会得到一个友好的正方形的帮助(推动它向上),要么会被一个不友好的三角形阻拦(堵住它上山的路)。布鲁姆变换了不同的形状,以避免婴儿被自己对某种形状的偏好而干扰。

实验结果显示,婴儿对"好形状"表现出了强烈的偏好。如果给形状加上面部表情，偏好则更加明显。有趣的是，如果事先不给婴儿看小球艰难爬山的动画，这种偏好就会消失，这意味着不仅仅是行为动作，形状之间的社交互动也很重要。由此可见，3个月大的婴儿就能表现出喜欢"好形状"的偏好。

好形状、坏形状和冷漠的形状

接下来，布鲁姆引入了一个中立的形状角色，它既不做出任何帮助，也不妨碍登山的红球。实验结果显示，6个月及以上的婴儿喜欢"好形状"多过"中立形状"，喜欢"中立形状"多过"坏形状"。3个月大的婴儿不会区分"好形状"和"中立形状"，但不喜欢"坏形状"。这个结果与成人和儿童普遍存在的"消极偏见"是一致的——我们往往对坏事比对好事更敏感，并且更有可能对消极的事情而不是积极的事情做出反应。比如，我们会抱怨某些人做出不友善或令人无法接受的行为，但很少有人会为友善的行为鼓掌。

布鲁姆得出的结论是，婴儿在他们发育的早期就能够判断体贴和不体贴的行为，这可能发生在他们学会这些行为之前，因为他们还没有接触到清晰的行为准则。他认为这表明道德感是与生俱来的，它从婴儿出生开始就根植于人类的大脑。

"淘气"的木偶

同在耶鲁大学的凯伦·温（Karen Wynn）进行了另一项实验，这次是针对一岁的孩子。她给孩子们观看了木偶戏，其中两个木偶在一起玩；突然，第三个木偶抢走了他们正在玩的球，并且逃跑了。观看结束后，木偶们被摆到了孩子们面前，每个木偶面前都有一个奖品，孩子们被要求拿开其中一个木偶面前的奖品。结果大多数的孩子都拿开了第三个"淘气"木偶的奖品。一个男孩不仅拿开了奖品，还打了"淘气"木偶。这个实验在道德行为的认知中，加入了奖励和惩罚的概念，实验结果表明，一岁孩子的正义感就已经在发展当中了。

令人担忧的结果

木偶实验是找出幼儿偏好的好方法，但实验结果不一定都是我们愿意看到的。凯伦·温另外一个好木偶、坏木偶的实验结果表明，当被孩子们认同的木偶（与孩子"选择"了相同的食物）得到帮助时，孩子们会很高兴；但当不被认同的木偶（与孩子"选择"不同食物的木偶）没有得到帮助时，孩子们也会很高兴。凯伦·温充满担忧地总结道："这种反应似乎暗示了成年人的仇外心理、偏见和战争冲动的根源。"

达尔文的儿子

当生物学家的孩子可不是件容易的事情，查尔斯·达尔文（Charles Darwin）对儿子威廉的成长发展做了详细的观察和记录。例如，当儿子两岁的时候，达尔文记录了这个男孩欺骗父母的时刻：他会偷拿一些父母不允许他吃的食物并试图掩盖衣服上留下的污渍。事后，威廉显然对此感到内疚和羞愧，因为自己做了一件不听话的事情。但他并没有因此受到任何惩罚，所以，害怕做坏事被发现与害怕承担外部后果之间没有直接联系。

第8章 做白日梦是在浪费时间吗?

你是否会凝望窗外,陷入幻想?这是在浪费时间吗?白日梦对人们有没有好处呢?

学校老师通常会告诉我们，幻想、做白日梦纯粹是浪费时间。然而事实也许恰恰相反：白日梦可能是创造力的源泉。

白日梦是好是坏

在19—20世纪初，专家们普遍认为做白日梦是一种不正常的精神活动。早期的心理学教科书警告人们，过度做白日梦可能会使人精神错乱。

第一次世界大战期间，美国军队招募士兵时会使用一份调查问卷，其中有一题的内容是"我经常做白日梦"，选择同意的申请者会被拒绝入伍，从而避免军队里出现那些"神经质"的士兵。时至今日，学校里做白日梦的孩子可能仍会被安排在"特殊照看"的班级。然而，据目前的数据估计，人

> "人类的思想天生就是不安分的，它总是在寻找环境中最有趣的事情。而很多时候，最有趣的事情往往在内部环境中产生。"
>
> 乔纳森·斯库勒（Jonathan Schooler）加州大学，圣巴巴拉分校

们在醒着的时间里有15%—50%的时间都在做白日梦。因此，如果做白日梦真的不正常，那么需要药物治疗的精神障碍患者就太多了。

西格蒙德·弗洛伊德认为，白日做梦跟夜间做梦一样，是大脑展示人们被压抑的想法、欲望和回忆的一种方式。他还把白日梦视为一种类似实现愿望的过程——人们可以在其中呼风唤雨、为所欲为。

越来越多的证据表明，做白日梦对人们是有建设性意义、有帮助的。20世纪80年代，心理学家埃里克·克林格（Eric Klinger）发现，对于那些从事单调、重复性、不用动脑，或者长时间不能活动的工作（例如警卫）的人来说，做白日梦是一种避免无聊、沮丧感，保持大脑活跃的方法。在他所研究的被试人群中，75%的人表示他们做白日梦是为了缓解无聊。

克林格给每个被试者一个提示器，让他们在每次提示器响起时写下自己刚刚做过的白日梦。他发现白日梦出现的次数每天变化很大，被试者一天内会记录6—176个白日梦。他还发现，人们大部分的白日梦并不是天马行空的幻想——恰恰相反，它主要由日常生活片段的演练和回放组成。虽然弗洛伊德认为，白日梦会让我们体验一些正常生活中不被允许做的事情，但实验结果与之相反，只有5%的克林格实验样本报告说自己的白日梦带有性内容，极少数的被试者会做带有暴力内容的白日梦。

我们应该多做白日梦吗？

当白日梦阻止一个人完成手头的任务时，白日梦会被认为是一个障碍。例如，当一个学生盯着窗外思考电脑游戏策略时，就无法专心听老师讲课。但有证据表明，经常做白日梦的人，比不做白日梦的人更有创造力、更有同情心。克林格在一项实验中发现，在一组以色列学生中，那些做白日梦的被试者，比那些不做白日梦的被试者更有同情心。

乔纳森·斯库勒在加州大学圣巴巴拉分校进行了一项研究，实验要求一组学生阅读一个故事，读完之后，要求学生们回答衣架和牙签等日常用品的其他用途。实验结果显示，那些一边读故事一边做白日梦的学生，比那些没有做白日梦的学生想出的答案更有创意。斯库勒指出，白日梦虽然对眼前的目标没有帮助，但对长期目标有帮助。

因此，我们面临着一个教育难题：教师们希望学生不要做白日梦，因为他们需要学生专注于眼前课程的短期目标。但研究证据又表明，从长远来看，做白日梦可以让孩子更快乐，更有创造力。

> "（在白日梦中）你的所有行为都不必承担任何后果，一切都不会真的发生，你可以肆意想象自己嘲笑老师、殴打老板。"
>
> *心理学家，杰罗姆·L. 辛格（Jerome L. Singer）*

大脑的默认网络

华盛顿大学的马库斯·赖希勒（Marcus E. Raichle）使用一种被称为"功能性磁共振成像"（fMRI）的增强扫描技术，研究当人们做白日梦时大脑各个区域的活跃程度。他发现，大脑中处理感觉输入（视觉、声音、气味）以及构建和处理记忆的区域都参与其中，他将这一组功能区域称为大脑的"默认网络"，因为这是在人们没有做任何事情时，大脑的默认状态。赖希勒将其描述为"意识的支柱"。

有观点指出，监测大脑默认网络的活动可能有助于

> ## 好好利用白日梦
>
> 如果你对于计划要做的事情毫无头绪,何不先关注当下正在做的事情呢。许多有成就、有创造力的人都习惯于用白日梦来激发创意:爱因斯坦在做白日梦时幻想自己骑在光束上,从而构想出了相对论;乔治·德·梅斯特拉尔(George de Mestral)有一次在山间散步之后,发现衣服上和狗身上粘了很多芒刺,在清理芒刺的过程中灵感乍现,有了发明魔术贴的想法。许多有创造力的人都会随身携带笔记本,随时记下产生的灵感,防止自己忘记。

医学发展。例如,它可能有助于阿尔茨海默病的诊断以及治疗效果的评估,或者有关昏迷患者意识水平的测试等。脑死亡患者的大脑默认网络没有任何活动,但那些处于深度昏迷或永久植物人状态的患者仍然显示出65%的正常大脑活动,而那些处于最小意识状态的人表现出90%的正常大脑活动。监测大脑默认网络的活动也许是一种预测无意识患者恢复概率的方法。

三种白日梦

心理学家杰罗姆·L.辛格花了60年的时间研究白日梦。他小时候内心世界丰富多彩,成年后对白日梦进行了专门研究,他想了解不同的人做白日梦的方式和目的。

辛格归纳了3种不同类型的白日梦:

- **积极创造型白日梦**是有趣、生动、随心所欲的幻想,这种类型的白日梦有助于创造力的培养
- **内疚-焦虑型白日梦**涉及焦虑或恐惧等可能会令人痛苦的感受,它可能包含英雄主义、失败、侵略和野心等想象体验,以及创伤后应激障碍(PTSD)导致的对过去创伤的强迫性重新体验
- **分神型白日梦**是一种因无法集中注意力而产生的白日梦,它的特征是伴有因试图集中注意力却无法做到而产生的焦虑感。它是古老的"正午恶魔"

做白日梦的好处

通过对"积极创造型白日梦"的研究,辛格和后来的斯库勒发现白日梦有以下几个广泛的功能:

它有助于制定计划,使我们能够设想、规划未来要做的事情。白日梦让我们通过设想不同的结果,预演未来的事件。

它有助于我们解决问题,激发创造力。

它帮助我们实现"注意力循环",即集中注意力与关注外部信息流之间的切换,从而建立一个更有意义、更综合的方法来实现个人目标或外部目标。

它通过分解任务或注意力的集中,实现"去习惯化"。这使得我们可以进行时间更分散的练习,研究发现这种形式的学习效果更好。这就是为什么在考试前进行四次半小时的复习,比连续复习两小时更有效。

做白日梦似乎对个人和情感都有相当大的好处,它能帮助我们培养同情心、道德感、理解他人观点和情绪的能力,以及从过往的事件和经历中总结意义的能力。

> **"空白"的大脑是什么样子的?**
>
> 我们大多数人都会做白日梦,但是阿斯伯格综合征或自闭症患者往往较少做白日梦。内华达大学的拉塞尔·赫尔伯特(Russell Hurlburt)研究了3个阿斯伯格综合征男性患者的"空白大脑"活动,发现他们要么无法理解"内心世界"的概念,要么只能说出想象中的图像和物体——他们无法构建内心叙事。

白日梦的"维稳"作用

白日梦还可以提供一个安全阀。我们可以通过白日梦,想象自己对给定的情境做出攻击性的激烈反应,以此缓解内心紧绷的情绪和崩溃感,让我们在现实中给出一个更稳重的反应。只有在极少数情况下,对某些人来说,想象中的攻击性反应会转化为现实中的暴力行为。当我们面对挫折时,幻想不一样的结果或反应行为可以为我们带来些许满足,或减轻挫败感。例如,当你与老板或邻居产生矛盾时,不需要真正行动,只要幻想自己对着老板大喊大叫或者打邻居一顿,就可以让你感觉好一些。

好处是对谁而言?

总的来说,积极、有建设性的白日梦对个人成长和满足感的获得是有好处的,但有时为了实现外部目标,我们可能会牺牲白日梦。也就是说,白日梦对我们的内在自我是有好处的,但对我们的公众形象,也就是老师和雇主们所关注的"我"不一定有好处。最终这也意味

爱因斯坦与"学科融合活动"

爱因斯坦的许多灵感是在练习小提琴的过程中产生的,他认为最好的见解源自"学科融合活动"(同时进行不同学科的活动)。许多人将创造力或灵感定义为"将不同领域的想法或知识以新的方式或不同寻常的方式结合在一起",而最有创造力的人往往是那些能够在不同领域的知识之间建立联系,或在不同概念之间找到联系的人。不仅白日梦中会涌现出这些联系,在明显不相关的活动中,如拉小提琴和思考方程式,也会积累起灵感的素材。

着，为了能够继续接受教育或保住一份工作，我们可能需要控制自己做白日梦的程度。

白日噩梦

极度糟糕的白日梦与精神痛苦和心理疾病有关。例如，抑郁症那如同噩梦般的白日梦就像思想反刍一样，不断地重复痛苦的记忆或想法，致使人们的思想不会飘向愉快的约会计划或有用的创造发明，而是反复回到过去犯的错误或被轻视的回忆中。就像抓挠结痂的伤口一样，这不会让伤口好转，反而会延长痛苦。创伤后应激障碍的一个常见特征是有意识地或以记忆闪回的方式，将创伤事件重演。这里需要重申的是，这是一种不健康的白日梦。在抑郁症患者的大脑中，默认网络的一个特定区域变得非常活跃，那就是膝下前扣带皮层（the subgenual

> "人类最真实的人性，可能也是进化带给我们最大的礼物，同时也是我们从环境和自我中挖掘到的最伟大的资源，是幻想的能力。"
>
> ——心理学家，杰罗姆·L.辛格

Anterior cingulate cortex），俗称"悲伤结"。当人们被"抑郁反刍"折磨或在脑中重现痛苦回忆时，它就会异常活跃。

第 9 章

习惯成自然？

是什么触发了我们的反应？
条件反射可以在刺激和行为之间
建立奇怪的联系。

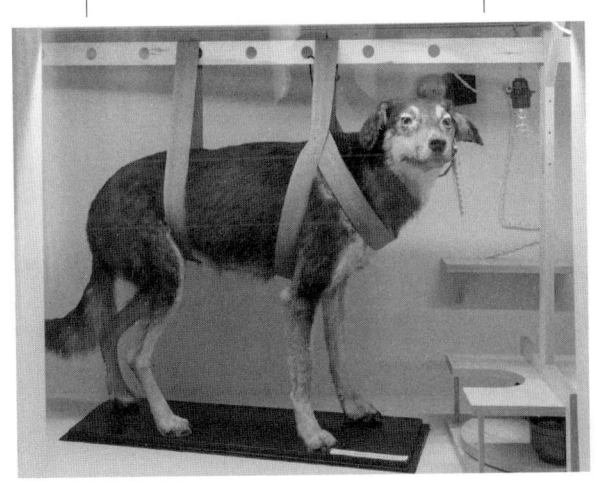

巴甫洛夫的狗

俄罗斯生理学家伊万·巴甫洛夫（Ivan Pavlov）对消化系统的工作原理进行了研究。在对狗进行实验时，他发现了条件反射现象——一种对刺激的习得性身体反应。狗看到食物时通常会流口水，这是一种让狗做好进食准备的本能反应，而食物是让狗分泌唾液的主要刺激物。巴甫洛夫在喂他的实验狗之前，反复用蜂鸣器、哨子、铃铛、音叉或其他器具发出声音。实验刚开始的时候，像往常一样，当食物送到时，狗会流口水。过了一段时间，狗开始将巴甫洛夫发出的噪音与即将送来的食物联系起来，并且一听到声音（甚至都还没有看到食物）就开始流口水。

虽然分泌唾液是一种无法直接控制的、本能的身体反应，但狗的大脑已经在声音和得到食物之间建立了联系，所以声音这个二级条件刺激引发了同样的身体反应。

看到美食杂志上的图片，你会觉得饿吗？看到一个做手术的视频，你会觉得不舒服吗？大脑在接收到信息之后，会将它们与特定的身体功能和感觉联系起来。我们对某些刺激的反应是出于本能——例如，当我们看到食物时就会流口水；还有一些反应是条件性的——例如，如果我们看牙医的时候有过痛苦的经历，那么当我们走进牙科诊室那扇门的时候，焦虑水平就会上升。

条件反射会让我们害怕一些本身并不可怕的事情，而且由于它会引起身体反应，我们还会被其引导，决定做或不做某件事。这种条件刺激的作用常被用于育儿和训练狗。

一个吓坏小孩的实验

无论你对巴甫洛夫的动物实验看法如何，臭名昭著的"小艾伯特实验"如果放在现在，绝对会遭到大多数人的反对。

1919年，心理学家约翰·华生和罗莎莉·雷纳（Rosalie Rayner）在他们的行为实验中，找来了一个9个月大的男婴作为被试者，他被称为"小艾伯特"，但

效果律

在俄罗斯巴甫洛夫关于狗的"经典条件反射实验"发表后不久,美国的爱德华·桑代克就开始对猫进行"操作条件反射"的研究。他做了一个"迷盒",在盒中猫需要通过重重机关,按下一个杠杆或拉动一个拉环来逃脱。在实验中,他把一只饥饿的猫放进盒子里,它必须自己逃出来才能得到食物。桑代克发现在第一次逃脱尝试中,猫不断犯错,花了很长时间才能逃脱迷盒,但随着成功逃脱次数的增加,猫所花的时间越来越少。桑代克给"效果律"下的定义是:一个令人愉悦的行为后效会强化(鼓励)这个行为的发生。现代心理学家称之为"正强化"——逃离迷盒的良好后效强化了猫使用杠杆或拉环的动作。

在 2009 年,有消息披露他的真名为道格拉斯·梅里特(Douglas Merritte)。在实验中,华生和雷纳首先让小艾伯特接触一系列物品和动物,其中包括一只实验室小白鼠。此时,他对这些东西完全不害怕。之后华生和雷纳开始吓唬小艾伯特,当他触摸老鼠时,他们在他身后用锤子敲击一块金属发出很响的声音,把小艾伯特吓哭了。接下来他们反复进行这种刺激,到最后小艾伯特一看到老鼠就哭,一旦它出现,小艾伯特就会躲开或试图逃跑。

这种联想还延伸到了其他毛茸茸的物体上,以至于小艾伯特也开始害怕兔子、狗和毛茸茸的外套。当华生戴着圣诞老人面具、毛茸茸的胡子出现时,小艾伯特也会害怕(虽然这个装扮在没有条件反射的情况下似乎也很吓人)。研究表明,巴甫洛夫对狗进行的经典条件反射实验结论同样也适用于人类。

经典条件反射与操作条件反射

经典条件反射与巴甫洛夫条件反射是一样的:通过反复接受刺激,身体会习得对不相关的刺激也做出反应的模式,比如听到铃声时流口水,因为身体认为铃声是食物的信号。

操作条件反射是通过奖励或惩罚的方式强化或削弱自发行为。例如,如果一只老鼠发现按下杠杆就能喝到糖水,它就会重复这个动作;相反,如果按下杠杆会产生电击,老鼠就会停止这个动作。积极和消极的结果都强化了老鼠的自发行为。

不幸的被试者

华生和雷纳的实验存在很多问题,特别是对被试者的不道德和残忍。小艾伯特在实验结束之后一直没有脱敏,估计仍然会害怕老鼠、兔子和其他毛茸茸的动物。他跟父母一起搬走了,因此没有机会对他进行后续的研究或治疗。不幸的是,小艾伯特6岁时就死于脑积水,事实上,他被发现从出生起就患有脑积水。这与华生声称的"他是一个正常、健康的婴儿"并不相符,小艾伯特其实并不健康(华生可能知道这一点)。因此,这个孩子其实并不适合作为正常成长发育个体的代表。此外,除了实验者自己的主观判断之外,华生和雷纳并没有一个系统的方法来衡量小艾伯特的反应。

更道德的实验

1924年,玛丽·琼斯(Mary Cover Jones)相对更道德地利用条件反射,帮助了一个患有白色毛茸物恐惧症的孩子。男孩名叫彼得,他害怕一只白色的兔子,随着时间的推移,实验者将彼得和兔子的距离越拉越近,直到最终彼得能够毫无畏惧地抚摸兔子，和兔子一起玩耍。此外，跟彼得一起待在房间里的还有一些不怕兔子的孩子，他们让彼得看到了小朋友面对动物的正常反应。

行为的修正

彼得实验是行为疗法的早期尝试，行为疗法旨在通过训练，重新塑造一个人的思维和行为。有几种条件反射作用被人们用于心理治疗、学校教育和其他类型的行为矫正，例如惩罚和奖励。

惩罚是一种负强化——每当主体做某一件事时，就会有坏事发生，它旨在减少人们不认可的行为；而奖励是一种正强化，旨在强化人们认可的行为——例如，当一个孩子捡起掉在地上的玩具时，奖励他一张贴纸。大多数研究结果表明，正强化比负强化更有效。

条件反射无处不在

我们在生活中其实一直在运用条件反射、正强化和负强化的原理，只是我们通常意识不到。例如，育儿手册上"给孩子安排一个固定的就寝时间"的建议,就是一种利用条件反射进行行为训练的形式。

彼得逐渐不害怕兔子的各个阶段

玛丽·琼斯记录了彼得和兔子之间的以下互动阶段:

A. 装有兔子的笼子放在房间里的任何地方都会引起恐惧反应

B. 可以容忍离笼子里的兔子 12 英尺①远

C. 可以容忍离笼子里的兔子 4 英尺远

D. 可以容忍离笼子里的兔子 3 英尺远

E. 兔子只要关在笼子里就可以容忍

F. 可以容忍兔子在房间里自由活动

G. 当实验者抱起兔子时,摸了兔子

H. 当兔子在房间里自由活动时,摸了兔子

I. 为了示威,向兔子吐口水、扔东西,模仿兔子

J. 允许把兔子放在宝宝餐椅的托盘上

K. 用毫无防备的姿势蹲在兔子旁边

L. 帮助实验者把兔子抱回笼子里

M. 把兔子放在腿上

N. 和兔子单独待在房间里

O. 允许兔子和他一起待在围栏里

P. 充满爱意地抚摸兔子

Q. 让兔子轻咬他的手指

---

① 1 英尺 =0.3048 米。

如果一个孩子每天睡前都经历洗热水澡、讲故事然后入睡的流程，那么他一旦进入流程，很快就会感到困倦，因为洗热水澡和讲故事是入睡的信号；如果一只狗每天都在孩子放学回家时被带出去散步，那么它听到开门的声音就会开始兴奋。

5:1

研究发现，在我们试图修正孩子的行为时，5:1（表扬：批评）的比例是最有效的。根据其他研究，相同比例的表扬和批评也有助于保持婚姻的稳定。

第10章

我们为什么起床困难?

青少年为什么睡到中午才起床?
只因他们懒惰吗?

如果你和青少年生活在一起，或者回忆一下自己的青少年时期，你会发现青少年喜欢晚睡晚起，他们起床和睡觉的时间都远远晚于正常时间。如果不加以任何约束，他们经常会熬夜到凌晨 4 点钟，然后睡到下午才起床。

这只是青春期的任性和叛逆吗？或者，是否有更好的理由来解释这种不合常规的作息习惯？

生物钟

每个人都有一个"身体时钟"来调节身体的自然周期。我们身体的这种日常活动模式被称为"昼夜节律"，它决定了你什么时候最精神，什么时候感到疲劳，等等。大多数人都无法完全按照我们的生理节律安排作息，因为受到社会惯例和经济需求的约束，我们必须按照老板规定的时间去上班，按时接送孩子上学、放学，喂饱嗷嗷待哺的婴儿，或者为了送货和约好的见面而早起。

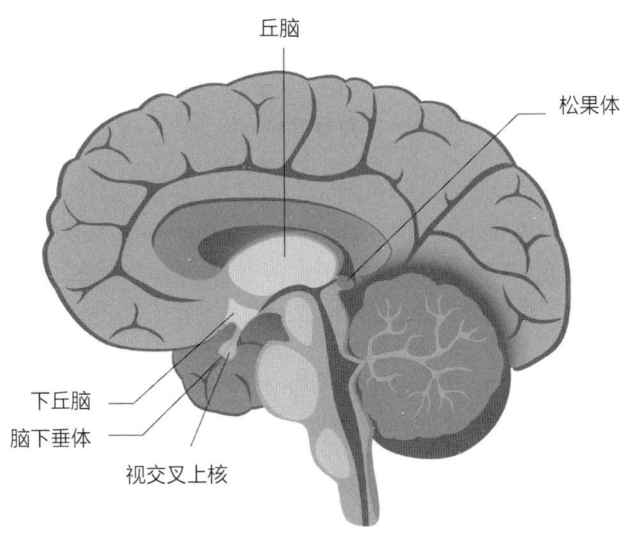

生物钟位于下丘脑视交叉（SCN）上核，这是大脑底部的一小群细胞

"夜猫子"与"早起鸟"

我们已经习惯于认为，有些人在晚上最精神、适合工作，而有些人在早上工作效率最高。人们因作息习惯的不同被贴上了"夜猫子"和"早起鸟"的标签：如果你喜欢晚睡晚起，你就是夜猫子；如果你喜欢早睡早起，那你就是早起鸟。这两种作息选择都没有错，但如果你是早起鸟，你会觉得熬夜工作很辛苦；如果你是夜猫子，

人类与蘑菇的相似之处

人类并不是唯一拥有昼夜节律的生物，地球上许多（也许是所有）有机体的生物钟周期大约都是 24 小时。夜行性动物白天睡觉，晚上捕猎，它们的作息仍然以 24 小时为一个周期。甚至连真菌也有昼夜节律，它们在一天中特定的时间产生孢子。研究昼夜节律的科学家经常使用一种叫作"粗壮脉纹孢菌"的真菌，他们发现了控制真菌一天内活动时间的基因，这些基因的突变会干扰真菌的生物钟。那么，青少年的作息习惯和蘑菇的生物钟到底有无相似之处呢？

> "晚睡晚起是一种生理倾向。你可以坚持认为，这是一种不好的习惯，但这些人并不是懒惰。"
>
> 拉塞尔·福斯特（Russell Foster），昼夜节律神经科学教授，牛津大学

你就会觉得早上 6 点出门上班是一件很痛苦的事。

夜猫子和早起鸟处于正常生物节律的两个极端。夜猫子们在早上可能需要一个声音很大的闹钟来叫醒他们，但他们总会起床的。他们的机能并非完全失调。

一天真的是 24 小时吗?

确切地说,一天并不是 24 小时。我们有不同的方法来衡量和定义一天的时长,通常认为是 23 小时 56 分钟多一点。地球在轨道上的运转速度逐渐变慢,所以每过一个世纪,一天的时长会稳步增加约 1.7 毫秒。这听起来并不多,但随着时间的推移,它会不断增加。大约 6.2 亿年前,地球上刚刚出现比黏液菌更高级的生物时,一天只有 21.9 个小时。但是,恐龙的昼夜节律就比较接近人类了,当时一天的时长大约是 23 小时 40 分钟。

时差

无论你是夜猫子还是早起鸟,如果你经历了跨越多个时区的长途飞行,你很可能会出现时差反应。当你的昼夜节律被严重打乱,时差反应就会发生。例如,到了该睡觉的时间你的身体却感觉是中午,或者该开会的时候你的身体却感觉是半夜。

重复新的作息模式几天之后,你的生物钟就会慢慢与当地时区同步,你的感觉会逐渐好起来。

青少年的生物钟

美国布朗大学的人类行为学教授玛丽·卡斯克敦（Mary Carskadon）对儿童和青少年的昼夜节律进行了广泛的研究。她的研究结果证明，青少年们并没有说谎——他们真的无法在早上7点起床并正常进行一天的活动。

在青春期，我们的大脑会经历很多变化，生物钟也发生了变化。这是为了让青少年的身体适应青春期的生活，使他们能够在参加深夜派对、看现场演出的时候熬夜，第二天在各种闹钟噪音和父母的吼叫声中，依然能酣睡至中午或更晚。但不幸的是，正如卡斯克敦教授指出的那样，青春期的生物钟并不能适应每天早上八点左右开始上课的中学或大学生活。

卡斯克敦的研究表明，即使青少年早早上床，他们也睡不着。早起上课意味着他们在上学的日子睡眠不足，所以到了周末会拼命补觉，睡到下午才起床。青少年每天需要9.25小时的睡眠，而且通常在晚上11点之前是睡不着的，这意味着，他们根本不可能在按时上学的情

能否避免时差反应?

褪黑素是大脑深处松果体分泌的一种激素，它在调节昼夜节律方面起着重要作用。褪黑素是在天黑时产生的，有助于调节睡眠时的体温。有实验发现，在长途飞行之后，睡前口服褪黑素可以缓解90%的人时差反应。当我们向东飞行并跨越4个或更多时区时，时差反应最严重，服用褪黑素也最有效。

服用安眠药助眠、喝咖啡保持清醒并不是治疗时差反应的有效方法；在飞机上睡觉并不会缓解时差反应，除非本来就是该睡觉的时间。这两种方法都不能调整人体的生物钟。另外，身体脱水会加重时差反应，所以喝酒打发时间的做法也是不对的。

如果你只是旅行几天，就没有必要在旅途中调整生物钟。当你需要调整生物钟时，如果是向东飞行，到达目的地后，最好在黑暗中待上至少3个小时；如果是向西飞行，则应该尽量选择白天到达目的地，下飞机后最好待在日光中。

况下得到充足的睡眠。卡斯克敦的研究还表明，学校生活的时间规定和青少年生理需求之间的不平衡会产生很多影响，例如学习成绩不佳、成绩达不到预期等。卡斯克敦认为，学校应该调整上学时间，以适应青少年不同的生物节律，但这会给其他人造成很多麻烦，打乱所有人的生活，所以这个建议不太可能被采纳。

不睡觉会生病吗？

严重的睡眠不足还会导致精神障碍，例如抑郁症。心理学家简·安塞尔（Jane Ansell）发现，苏格兰约有50%的青少年睡眠不足，其中有些人被误诊为"注意力缺陷多动障碍"（ADHD）和其他心理问题，而实际上，他们只是需要更充足的睡眠。

夜班的危害

对于倒班的工人来说，生物钟会被无休止地打乱，这对健康有着严重的影响。2014年发表的一项研究发现，上夜班会扰乱一个人将近6%的基因活动。而且由于基因受到的干扰不均匀，身体的不同部分最终会按照不同的生物钟工作，其中一名研究人员将其比作一个房子里的每个房间都过着不一样的时间。长期如此，可能会造成身体和心理上的伤害，如肥胖、糖尿病和心脏病等。

第11章 人会无聊死吗?

无聊比你想象的要复杂得多。

如果你有孩子,你可能在他们放假的时候听到过那种痛苦的抱怨"好无聊啊"。那么,无聊有意义吗?我们为什么会感到无聊呢?

无聊的穴居人

在史前时期,穴居人会感到无聊吗?他们是因为无聊才在墙上画画的吗?如果真的是这样,那么在穴居人中,女性最无聊,因为对创作者手指和手掌大小的比较研究表明,大多数洞穴壁画都是女性创作的。当他们画够了所有认识的东西之后,似乎还发明了一种游戏,游戏内容类似于比赛谁跳得更高,因为在洞穴的顶部发现了像是指尖印出的一个个小圆圈。

> "无聊并不是一个终点。相对而言,它是一段生活和艺术的萌芽阶段。在一个清晰的构思浮现出来之前,你必须经历无聊的阶段,它就像是一个产生创意的过滤器。"
>
> ——弗朗西斯·斯科特·菲茨杰拉德(F. Scott Fitzgerald)

正午恶魔

进行一项重复性的工作而产生的无聊，和发呆时候的无聊是不一样的。许多人的工作本身就很无聊，例如，为了完成仓库或超市的工作要求，把物品从货架上拿下来放到推车里，或者打扫一个空置建筑物的地板。有些人从事的就是这种枯燥无味的重复性工作，而且工作中也没有机会与他人交流。

还有一些工作本身并不无聊，但人们仍然无法专心投入其中。我们会在工作中盯着电脑屏幕发呆、望向窗外、玩手机或浏览社交网站，即便工作内容本身是我们的兴趣所在。这并不是一个近期才出现的问题，这种工作中分心的行为被中世纪的修道士们称为"怠惰"（acedia, 'ακηδία'），也被称为"正午恶魔"（后来用于形容抑郁症）。"沙漠教父们"也很熟悉这种状态，他们是早期基督教的禁欲主义者，花了很多时间在沉思、哲学思考和研修上。这种无聊的性质是不一样的，它是指明明手头正在做的事情更有挑战、更有乐趣，却依然很容易分神，去做一些没有意义的事情。

早期的这些作家们认识到，在孤独的隐居修行中试图集中精力于静思活动所面临的问题。卡西安（St Cassian）是这样描写保罗的：在沙漠中他不需要自力更生，日常所需均由他人提供，他每天在枣椰树上寻找材料做些东西，到了年底就把它们全部烧掉。这是因为当一个修士不做任何事的时候，他将无法安然自处，也无法攀上任何圣德的高峰。虽然不是必须要亲自谋生，但它可以让人心性纯然，思想稳定，持之以恒，如此方能征服、瓦解怠惰。

这让人想起了那句谚语"游手好闲，造恶之源"。

> "怠惰的恶魔（也被称为正午恶魔）是造成最严重问题的恶魔。它在第4时左右开始攻击修士，包围他的灵魂，直到第8时。首先，他让人觉得太阳好像移动得非常缓慢，一天似乎有50个小时那么长。然后，他迫使修士不断望向窗外，走出房间凝视太阳来确定还有多长时间才能到第9时，并左顾右盼，看看其他教友们是否从房间里走出来了。这个恶魔驱使修士们想去其他地方看看，去那些更容易获得生活所需，更容易找到工作，能获得真正成功的地方。"
>
> 隐士埃瓦格里乌斯（Evagrius the Solitary）

无须谋生的修士必须要让自己有事情做，因为无所事事是很危险的。静思的工作使他们特别容易分神或感到无聊，所以修士必须有事可做，才能够忍受静思的工作。

运动对大脑的影响

现代神经科学提出了另一种可能性，比"恶魔试图干扰圣德"的说法更实际一些。一项对老鼠的研究表明，缺乏运动实际上会改变脑细胞的形状。

位于密歇根州底特律市的韦恩州立大学医学院的研究人员将12只老鼠分成两组。其中一组老鼠被放进装有跑步滚轮的笼子里，不久之后，它们一天就能跑上5千米。另一组老鼠被放在没有滚轮的笼子里，因此得不到太多的运动。3个月后，不活动的老鼠在大脑部分神经元上长出了额外的分支。这使得它们对刺激格外敏感，并倾向于向大

> "我的灵魂对它自己都不耐烦，就像对待一个讨厌的孩子。它的躁动不断增长，永远不安分。我对一切都很感兴趣，但都无法长久。所有的事情我都要参与，却永远在梦里神游。"
>
> 费尔南多·佩索阿
> （Fernando Pessoa）
> 诗人和作家

脑周围发送额外的神经信号。研究人员对于这个实验结果给心脏病研究带来的启示很感兴趣。然而,由于不活动而产生的"神经敏感"可能是一种真正的神经现象,而不仅仅是容易分神的倾向。

无所事事的危害

因为无事可做而感到的无聊,与无法完全投入或专注于手头任务的分神是截然不同的。当有太多的活动可供选择时,人们也可能会感到无聊。例如,在假期感到无聊的孩子可能有很多选择,比如骑自行车、玩玩具、跟朋友一起玩,或者阅读,但没有一个能引起孩子的兴趣。这就像在做一项任务时感到无聊一样,是一种注意力的缺失,因为没有任何活动能吸引孩子的注意力。

我们通常认为无聊是一件微不足道的琐事,但它实际上与抑郁症和焦虑症有关。"无聊得要死"(bored to death)这个短语最早出现在查尔斯·狄更斯(Charles Dickens)的作品《荒凉山庄》中,这是"无聊"这个词第一次被用来形容一种精神的扭曲。在书中,富有而忧

"她只是说,'我的生活无比沉闷,枯燥无味'。"插画师布里顿(W. E. F. Britten)为丁尼生(Tennyson)笔下无聊的女主角玛丽安娜绘制的素描作品

郁的德洛克夫人被描述为"因于无聊的孤寂和无尽的绝望之中"。

无聊(无所事事)也被认为是犯罪和反社会行为的诱因,并与吸毒和赌博成瘾等危险行为有关,人们会通过寻求刺激来调剂他们平淡的生活。

世界各地的监狱都将无聊作为一种痛苦的惩罚手段。无聊在很多情况下都是生死攸关的问题，如果囚犯感到无聊，这可能是致命的危机。英国朗拉顿监狱（Long Larton prison）的一名囚犯杀害了另一名囚犯，当被问及杀人原因时，囚犯说，"我觉得很无聊，想找点事情做"。这也是很多"无聊"的青少年犯错之后的借口。因而，保持适度和平衡是很重要的。

太多选择

选择太多与选择太少一样糟糕。例如，如果一家餐厅只有三四个套餐，那么很容易选出你想要的。但是，如果一家餐厅的菜单有很多页的不同选项，你会发现，点菜就变得困难很多。

17世纪的哲学家和数学家布莱斯·帕斯卡（Blaise Pascal）认为，无聊不仅仅是微不足道的琐事。他认为这是一种可怕的存在主义焦虑，只能通过让生活充满目标来解决，而这个目标就是上帝。帕斯卡在《思想录》中写道："当我们与一些困难斗争时，我们需要适当的休

息，而当我们克服了这些困难之后，休息就会变得无法忍受，因为它会产生无聊……只有一个永恒不变的存在——上帝，能充实这无尽的深渊。"

后来，亚瑟·叔本华（Arthur Schopenhauer）和马丁·海德格尔（Martin Heidegger）都选择了对这个主题进行研究，

> "而且它让我感觉无聊得要死。这个地方无聊得要死，我的生活无聊得要死，我自己无聊得要死。"
>
> 戴德洛夫人，《荒凉山庄》，查尔斯·狄更斯（Charles Dickens）

结果却令人沮丧。叔本华坚持认为，如果生命有任何真正的价值，我们永远不会感到无聊，因为拥有生命本身就足够了。海德格尔对此表示赞同，尽管他对生命的评判没有叔本华那么强烈："深深的无聊就像一团朦胧的雾，笼罩着我们所处的深渊，吞没了一切人和事物，连同它本身一起化作了一种惊人的冷漠。这种无聊以整体的形式存在。"

如何应对无聊的孩子

首先，让孩子先无聊一会儿。因为无聊是有用的，

狄更斯笔下的"痛苦的德洛克夫人"(Lady Dedlock)——第一个"无聊得死"的虚构人物

它是许多创造性项目的萌芽阶段。孩子们需要通过无聊，学会让自己忙碌起来以及管理好自己的时间——这是一项至关重要的生活技能。他们需要弄清楚自己对什么感兴趣，对什么不感兴趣。如果得到源源不断的娱乐活动，他们就无法做到这一点。

心理学家认为，唯一不应该做的事情是让你无聊的孩子坐在电视、电脑屏幕前，或者玩手机。基于屏幕的活动会在大脑中产生少量多巴胺，这种化学物质有助于

不给屏幕就尖叫

疲惫的父母很想把小朋友放在电视屏幕前,或者给他们电脑或手机玩,让他们安静一会儿。但美国儿科学会(American Academy of Pediatrics)不建议父母这样做。他们为儿童推荐的每周观看屏幕时间如下:

- 2 岁以下:不建议看

- 3—6 岁:每周 4—6 小时,观看内容经过仔细挑选

- 6—14 岁:每周 6—8 小时(但是 2010 年的一项调查发现,8—18 岁的青少年平均每天花在电子产品上的时间为 7.5 小时)

- 14—18 岁:让孩子跟你讨论之后,自己设定时间限制,他们需要学会自控

学习和集中注意力。孩子们很容易习惯更高水平的多巴胺,之后就会很难集中精力在那些不能产生多巴胺的活动上。长时间使用屏幕的孩子在做非屏幕活动时很难集中注意力,到那时你再想让他们戒掉看屏幕的习惯,就

要比此时给他们找点事做难多了。

当然,对你来说也一样。如果你感到无聊,电脑游戏、社交活动或者看一部电影可能会让你暂时开心快乐,但之后你会更容易感到无聊。

第12章

你能残忍到什么程度?

你确定你永远不会伤害一个没有伤害过你的人吗?

如果命令你去电击一个无辜的人,你会照做吗?其实,我们比自己想象的更容易服从权威。

关于罗恩·琼斯对纳粹德国的描述,很多人和他的学生一样,普遍持怀疑态度。大多数人很难相信,看似和我们无异的普通德国老百姓,竟然会被说服去折磨和处决他们的同胞。那么,成为纳粹分子的德国人和我们其他人有什么不同吗?

"焚书之地,终将焚人。"19世纪,诗人和剧作家海因里希·海涅(Heinrich Heine)在他的作品中预见了偏执与"群体思维"相结合的可怕后果

米尔格兰姆的服从实验

康涅狄格州耶鲁大学的心理学家斯坦利·米尔格兰

姆（Stanley Milgram）对许多前纳粹分子的辩解很感兴趣，他们说自己只是在服从命令。米尔格兰姆很好奇普通人为了讨好权威者，能服从到什么程度，他决定通过实验来弄清楚。

1961年，米尔格兰姆招募了40名被试者，告知他们是来帮助实验者进行一项研究，他们都是年龄在20—50岁之间的男性（与那些可能成为纳粹德国党卫军的人的性别和年龄段相当）。他告诉被试者们，他们将被随机分配扮演学生或老师的角色，但实际上，所有的被试者都是"老师"，那些"学生"都是米尔格兰姆找来配合实验的演员。老师们被要求向隔壁房间的一位学生提问，他们被告知，学生将被绑在椅子上，身体上接着两个电极。如果学生答错了一个问题，被试者（老师）就会对学生实施电击。被试者们还被告知：电击会令人痛苦，但对健康没有害处。而且一开始电击是温和的，但随着学习者给出更多错误答案，电击伏特数会变得越来越强，从15伏逐渐增加到450伏——最强的一档

> "当你回望人类漫长而阴郁的历史时，你会发现，以服从的名义犯下的罪行，比以反叛的名义犯下的罪行要多。"
>
> 查尔斯·珀西·斯诺（C.P.Snow）

已经达到一种危险的电击水平。

酷刑"剧本"

随着实验的进行,学生们的尖叫声、在椅子上挣扎的声音、乞求被释放的声音不绝于耳,听起来他们显然承受了越来越难以忍受的痛苦。在300伏的电压下,按照"剧本"中的规定,学生敲打着墙壁,乞求被放出去;当电压超过300伏时,学生们没有声响了。被试者被告知沉默是一个错误的答案,并要求他们继续增加电击。实验者和被试者一起坐在房间里,如果被试者不愿意继续实施电击,实验者就用以下提示语来鼓动他,次序如下:

1. 请你继续
2. 这个实验需要你继续下去才能完成
3. 继续下去是绝对有必要的
4. 你别无选择,只能继续

盲目的服从

米尔格兰姆的实验结果令人震惊:所有的被试者都

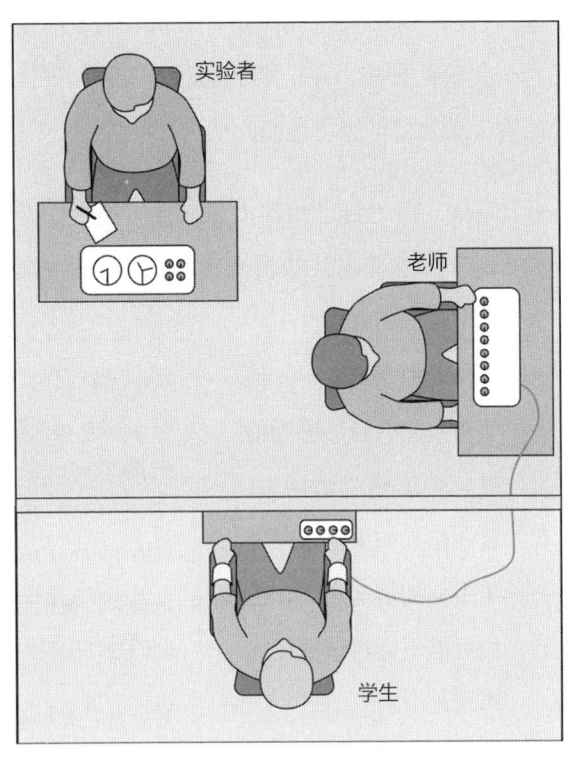

实施了高达300伏电压的电击,近三分之二(65%)的被试者施加了最强的450伏的电击。米尔格兰姆的结论是,我们有一种很难抗拒的冲动,让我们想要去服从一个权威人物,哪怕这个人看起来只是一个没有什么权力的科研人员。

实验过后,米尔格兰姆采访了被试者们,向他们解释了这个实验的真相,并记录下他们的回答。根据被试者的回答,米尔格兰姆将他们归纳为3类人:

- 服从,但为自己找理由——他们把责任推给实验者,或者在某些情况下,把责任推给学生,说他们太愚蠢
- 服从,但很自责——他们为自己的行为感到抱歉。米尔格兰姆认为,这一组人如果在未来处于类似的情况之下,他们可能不会再做同样的事情
- 不服从——拒绝继续进行实验,认为学生的安危比完成实验更重要

> "我们可不可以这样认为,在大屠杀中,艾希曼(Eichmann)和他的100万同伙只是在服从命令?我们可以称他们为共犯吗?"
>
> 斯坦利·米尔格兰姆

服从的环境

米尔格兰姆改变了实验环境的某些方面并再次进行

实验，看看是哪些因素影响了被试者服从的程度。他发现，在耶鲁大学的神圣环境中，服从程度更高；而在城市破旧的办公室中，服从程度较低。当实验者穿着工作服时，服从程度较高；而当实验者穿着普通衣服时，服从程度较低。当权威人物（实验者）在房间里时，比通过电话给出指示时服从程度更高。最后，当被试者不需要自己按下开关来进行电击，而是有助手负责按开关时，服从程度显著提高。

米尔格兰姆的代理理论

米尔格兰姆提出了他的"代理理论"，来解释普通人为何愿意做出可怕的行为。他认为我们有两种不同的状态："自主状态"和"代理状态"。

在自主状态下，人们按照自己的价值观和道德标准，自主做出选择并对自己的行为负责。而在代理状态下，人们充当代理人的角色执行命令并认为对自己的行为没有责任，因为他们制裁他人的行为并不是自发的，只是在服从命令。

米尔格兰姆声称，当面对一个权威人物时，大多数

> "我在耶鲁大学进行了一个简单的实验,来测试一个普通公民仅仅因为一个实验者的命令会给另一个人带来多少痛苦。严厉的权威与被试者不愿伤害他人的强烈道德准则两方对峙,即使被试者的耳边响起受害者的尖叫声,但权威胜利的次数更多。成年人在权威的指挥下几乎不惜一切代价的极端意愿是这项研究的主要发现,也是最迫切需要解释的事实。"
>
> 斯坦利·米尔格兰姆

人都经历了从自主状态到服从状态的"代理转变"。这就解释了,为什么在1968年美国士兵在越南美莱村听从命令屠杀手无寸铁的平民;为什么塞尔维亚士兵在波斯尼亚把强奸妇女看作一种战争中的合理行为;为什么在过去20年里卢旺达、波罗的海国家和伊拉克的无辜者被施加了种种暴行。也有批评者表示了反对,认为这种转变的机制尚未得到证实,而且很难看出如何衡量。

实验结果可信吗?

米尔格兰姆的实验方法受到了批评,因为他用欺骗的形式,让被试者以为自己在伤害别人。2013年,心理学家吉娜·佩里发表了她对米尔格兰姆实验档案的研

美莱大屠杀中受伤害的幸存者

究结果。她发现,米尔格兰姆只是选择性地展示了他的研究结果,因为他把所有的研究合并在一起,得出了65%的服从比例。但在实验记录中可以看到,在实验中,

> "安分守己、没有任何敌意的普通人只是为了做好自己的工作,就可以成为可怕的破坏性过程中的代理执行人。此外,即使他们工作的破坏性影响显而易见,并且他们被要求采取的行动违背了自己基本的道德标准,相对来说也很少有人有能力抵抗权威。"
>
> ——斯坦利·米尔格兰姆

一些被试者对学生的真实性产生了怀疑,另一些被试者在施加电击时偷偷调低了电压(学生的尖叫声却越来越大),还有一些被试者要求查看一下学生的身体情况或与他交换位置(这些要求被拒绝了)。实验者也经常偏离剧本内容,欺负或强迫被试者服从。此外,米尔格兰姆的实验样本是一群由他自己挑选的美国男性,这是否具有总体代表性?

无论米尔格兰姆的研究结果是否可靠,在数据统计上是否准确,很明显,相当一部分人对于命令会服从到愿意对他人造成严重伤害的程度。也许并不是每个人心中都有一个纳粹分子,但我们都有一种令人担忧的倾向,那就是即便我们怀疑一个命令不道德、不够智慧,我们还是会选择服从。

我只是一匹拉车的马

1960年,纳粹战犯阿道夫·艾希曼(Adolf Eichmann)在耶路撒冷接受审判时多次提到,尽管他是组织大屠杀的重要执行者,但他只是一个无能为力的服从者。他形容自己是"众多拉车马匹中的一员,被司机的意愿控制,不能乱跑"。

"从小到大,服从一直是我生命中无法摆脱的东西。当我27岁进入军队时,我发现服从军队的命令,并不比我之前在生活中经历过的服从更困难,我也从未想过不服从的可能性。"

"此事与我个人无关,我的任务只是观察和汇报。"

"服从命令对我来说是最重要的,这可能是德国人的天性。"

"现在回想起来,我意识到以服从命令为主导的生活确实是一种非常轻松舒适的生活,因为以这种方式生活可以将自己思考的需求降到最低。"

阿道夫·艾希曼

纳粹利用人类心理上的弱点：被群体接受的需要和对报复的恐惧，结果造成了毁灭性的后果

第13章 为什么要浪费我的时间?

浪费别人的时间是不礼貌的,所以他们会说服你,让你觉得你并不是在浪费时间。

我们都知道时间是宝贵的,当我们被迫浪费时间时,我们会觉得无法忍受。但其实大多数人平时都会浪费很多时间,例如看一些毫无营养的电视节目或者盯着窗外发呆,似乎当我们主动选择浪费时间时,情况就不一样了。实际上,我们真正无法忍受的是被迫等待。

乖乖排队

听上去似乎不太可能,但真的有些人专门从事排队管理——他们致力于让人们乖乖排队,并尽可能地改善他们的排队体验。因为如果排队的人感觉被忽视的话,他们更有可能发脾气、制造麻烦、愿意花的钱更少或者决定不当回头客。所以,在排队管理上的投资会让商家获益。

某些公司的一些涉及大量等待或排队的销售行为,都是利用了排队和等待行为的心理学原理。如果能说服顾客开开心心地排队等待,他们就不太会抱怨,成为回头客的可能性也会大得多。迪士尼乐园在世界各地雇用了75名工业工程师,来帮助管理乐园内的排队工作。

机场效率"变高了"

美国休斯敦机场接到了大量的乘客投诉,他们抱怨取行李的时间太长了。机场的第一个应对措施是雇佣更多的行李搬运工,以便更快地搬运行李。结果,平均等待时间减少到8分钟,但投诉完全没有减少。

于是机场又想出了一个解决方案,它简直是一个天才之举。机场把取行李区移到了离候机大厅很远的地方。乘客们下了飞机之后,要走比以前远很多的路才能到达行李转盘,因此,原本等待行李的时间,变成了走到行李转盘的时间。原来是在行李转盘前面等8分钟,现在变成用6分钟走到行李转盘,然后等2分钟。

结果,有关这个问题的投诉没有了,乘客不再觉得自己浪费了时间。

告诉我需要等多久

通常人们自己感觉度过的等待时间,都比实际的等待时间要长。如果问他们,感觉自己等了多长时间,他们的回答平均比实际等待时间长36%。

"排队愤怒"和"路怒"一样，都是一种真实存在的现象，但如果通知排队的人他还需要等多久，就可以减少这种现象的发生。如果他们知道具体的等待时间，就不太可能生气，除非等待的时间比他们预期的要长。一些主题公园在通知中会稍微夸大游乐设施的等待时间，这样当人们排到的时候，就会对等待的时长感到惊喜。在游乐项目结束之后，他们会觉得自己似乎并没有等太久，而且会觉得自己很厉害，不知怎么就打败了乐园的排队系统。例如，在通常情况下，让人们等待30分钟时很多人都会抱怨，但如果告诉他们需要等40分钟，而结果只等了30分钟，他们就不太会抱怨，因为他们觉得自己提前了10分钟玩到了游乐项目。

安抚策略

另一种让人们乖乖排队的方法，是给他们找点事情做。例如，在屏幕上看广告或时事新闻。现今屏幕无处不在，你可以在公共汽车上、火车上和医院候诊室看新闻。有时我们可能会在酒店前台得到免费糖果作为安抚奖励（或者说"贿赂"），或者在诊所、理发店得到免费咖啡。这些对于我们宝贵的时间来说，只是一些微不足道的回报，但我们不会这样想，因为我们感到别人认可了我们的时间价值，而且还给了我们一些回报，尽管这些回报根本不值什么钱。

别焦虑

人们不喜欢等待的一个原因是，等待让我们感到焦虑。我们为自己的时间一分一秒地流逝而感到不安，有时也担心之后会发生的事情（例如，躺在牙医的诊疗椅上等医生进来）。如果等待的时间太长，我们可能还会担心自己是不是被遗忘了。

有人过来询问或被转移到另一个等待区域则有助于缓解焦虑，因为人们会觉得自己被"照顾"或"认真对待"了。把等待作为整个过程中的一个步骤，比让人们漫无目的地等待更容易让人接受。因此，当你在等待你的手术开始时，如果在15分钟后把你从一个等候区转移到另一个等候区，你的崩溃感会缓解一些，尽管整个等待时间并没有发生变化。

如果护士过来简单地询问你的病史，或者让你填写一份问卷，你还会感觉更好，因为你觉得自己似乎没有在浪费时间，即使护士对你提供的信息不会做出任何处理。

排队是一种营销手段

你有没有在 iPad 或 iPhone 新产品开售的当天路过苹果专卖店？排队的队伍经常会绕整个街区一圈，却没人抱怨。人们半夜排队买最新的《哈利·波特》小说也是如此。而排队买演唱会或音乐节门票的情况则不太一样，因为这些门票的供应有限，你也只有这一次购买机会。但苹果公司还会生产更多的新款 iPhone，只是不会在第一天全部上市。

> "通常，关于排队的心理学比关于等待的统计学更重要。"
>
> 理查德·拉尔森（Richard Larson）麻省理工学院

高昂的价格和排队的盛势，给人们制造了排他性的幻觉。人们会排很长时间的队，只为了能比其他人提前几天买一部新款手机。他们甚至会炫耀自己排了多长时间的队，跟队列中的其他人聊得多开心。

缺乏能动性的危害

我们不喜欢排队的原因之一是我们觉得自己无法控制局面。用心理学的专业术语来说，这种"能动性的缺乏"让我们感觉糟糕。能动性是指我们作为独立的个体，将命运掌握在自己手中。它是自我赋权和自我决定的结合。

严重缺乏能动性是非常有害的，它会导致绝望、愤怒甚至抑郁。当你要求抑郁症患者讲述他们的成长历史和环境时，他们经常会把问题的根源归于自身之外。他们会谈论一些发生在自己身上的事情，以及他人对自己做过有影响的事情。而不抑郁的人倾向于把自己放在叙事的中心，他们会说自己做了什么，自己如何应对外部事件，他们不会把外部事件作为生活的主要驱动力。

面包与马戏

当人们缺乏能动性时，很容易就能让他们动摇。许多政治体制都试图做到这一点，而且通常会成功。当人们感到无助时，他们会抓住任何明显能赋予自己权力的机会，或去做任何能明显证明自己价值的事情。

> "很久以前,当我们不再把投票权交给人民时,人民就已经放弃了自己对国家的责任。曾几何时,他们的意见举足轻重,影响着国家的军事、政治等各个层面的决定。而现在他们不再发声,每天只迫切地渴望两样东西:面包和马戏。"
>
> 尤维纳利斯(Juvenal),《讽刺诗》第10篇

今天,人们受到无法控制的经济和政治力量的猛烈冲击,感到十分无力。作为反击,他们通过在选秀比赛和真人秀节目上投票,以及在社交媒体上"表达自己的声音",完成了影响力不大的能动性行为或"伪能动性"行为。当你投票的选手获得选秀比赛冠军的时候,你会觉得自己的投票影响了这个结果;当你在推特上表达对某个新闻报道的厌恶时,你会感觉自己参与了这个重要的事件。

完全无用的按钮

你见过那些放置在十字路口、用来改变交通灯的按钮吗?通常它们不起任何作用,灯的顺序是固定的,按钮对它们没有任何影响,这些按钮被称为"安慰剂按钮"。电梯里"关门"按钮的工作原理也差不多。这些按钮给了我们一种能动感,让我们在等待交通灯改变或乘电梯时的无力感有所缓解。

第14章

为什么大家见死不救？

不帮助陷入困境之人，是一种单纯的冷漠，还是有更复杂的原因？

你是否曾在街上遇到过糟糕的事情发生,而路过的人们却无人伸出援助之手?你是否也曾是这些袖手旁观的路人中的一员?有时我们告诉自己,别多管闲事。如果是家庭纠纷,我们会说,家里的事情让他们自己解决吧;如果情况很危险,我们会说,我可不想受伤。但是如果有人发生了意外,或者情绪崩溃,或急病发作,你会怎么做呢?实际上,哪怕没有危险,也没有人会觉得你多管闲事,路人仍然会见死不救。这种现象被称为"旁观者冷漠",它不仅适用于帮助他人,也可以延伸到保护我们自己。

凯蒂·吉诺维斯谋杀案

凯蒂·吉诺维斯(Kitty Genovese)是一名意大利裔美国妇女,1964年在纽约遭到袭击和谋杀。报纸上的报道称,有38人目睹或听到了这次袭击,但没有人帮助凯蒂。后来也有人对"很多人发现了这次袭击"或"没有人提供帮助"的说法提出异议。但无论当时真实的情况是什么,此案引发了一项意义深远的心理学研究——"旁观者冷漠",现在也被称为"吉诺维斯综合征"。

旁观者实验

虽然介入一场谋杀可能是危险的，但是帮助癫痫发作的人显然是一件人道的事情。然而，令人惊讶的是，很少有人会去帮助遭遇不幸的陌生人。

1968年，在吉诺维斯事件的推动下，约翰·达利（John Darley）和比布·拉坦（Bibb Latané）在哥伦比亚大学进行了一项实验，想看一看人们是否会帮助一个处于困境中的陌生人。研究人员告知被试者，他们被邀请参加一项关于个人问题的心理学研究，和很多心理学实验一样，这只是个幌子。被试者还被告知，由于讨论的问题是私人的，所有的对话都将通过对讲机进行。还有很重要的一点是，被试者无法看到彼此，以保证匿名参与。在实验中，被试者被分成了1人组、1人组和5人组。

实验开始时，每一组会再加入一名"被试者"（研究人员请来配合实验的表演者）。在讨论过程中，他会假装癫痫发作：突然开始口吃，寻求帮助，说自己生病了，表现得越来越痛苦，说感觉自己要死了。其他被试者可以通过对讲机听到这个声音，彼此之间也可以说话。他们在实验开始时就被告知，所有参与者保持匿名是很重要的，所以一旦帮助了发病者，他们的匿名性就有可能被破坏。

达利和拉坦发现，当小组中有越多人参与讨论时，他们中的任何一个人提供帮助的可能性就越小。尽管他们看不到其他被试者，但他们知道其他人就在那里。每个人都似乎觉得，自己对处于困境中的陌生人的责任变少了，因为周围也许有其他人愿意帮助他们。个人背景和性别对人们是否提供帮助没有影响。

而在只有一位被试者的小组中，85%的情况下他或她会去提供帮助。当有几个被试者参与讨论时，这一比例降至31%。

并不是冷漠

那些没有提供帮助的人并不是对发病者无动于衷，他们也表现出了担忧和痛苦的症状，包括出汗和颤抖。他们似乎是在"害怕尴尬、害怕破坏实验"和"担忧癫痫患者的安危"之间纠结。当实验中没有其他参与者时，那些没有提供帮助的人更有可能采取行动。当有其他人的时候,他们显然希望其他人能伸出援助之手:他们依靠别人来做这件事。

人性本善吗?

在某座城市,一名两岁的女孩被一辆卡车撞倒,并在路上躺了7分钟,来来往往的行人从她身边走过或骑车经过,无人帮忙。女孩被撞倒之后又被车碾了一次,直到最后,一位妇女把孩子移到了路边。后来,女孩因伤势过重在医院不治身亡。这个事件随后引起了全球的愤怒,但也有人指出,有些人不愿提供帮助,是因为他们不想为女孩的医疗账单负责。在当地,人们也开始讨论是否应该在法律中规定"见死不救"的行为违法。

然而,这种对人类行为冷漠本质的解释似乎只是在转移注意力。2009年,在加利福尼亚州的里士满,20人目睹了一名15岁女孩被强奸和谋杀。整个过程中没有人帮忙救助,也没有人干预制止,有些人甚至用手机将过程拍了下来。旁观者后来说,他们以为这只是一个玩笑,以为他们在闹着玩。没有人查看女孩的情况,也没有人问她是否需要帮助。

恶人是如何得逞的？

如果人们都不想介入强奸、谋杀案，甚至也不想帮助受伤的幼童，怕给自己找麻烦，那么恶人就得逞了，他们必定会继续折磨他们的目标。无论是在职场还是在学校，许多人对与自己无关的种种痛苦视而不见。而且目击者越多，他们就越认为"这不关我的事，让别人来解决吧"。

我们不想干预的一个原因，是心理学家所说的"多数无知"。我们会观察别人的反应，如果他们没有回应，我们就会认为自己误解了情况。我们不想显得很傻，所以选择了多数人的立场。但是，如果每个人都这样做，没有人知道恶行正在发生，受害者就永远得不到帮助。

第15章 你成为最好的自己了吗？

你是谁？你想成为谁？
二者之间有什么不同？

纵观历史，哲学家和宗教领袖们都曾为人们提出了如何提升自我、改善生活的建议。如今，心理学家也加入了这一行列，自我提升、个人成长类图书如雨后春笋般涌现，其中很大一部分原因是基于我们对自身的不满和缺乏安全感。那么，我们如何才能成为最好的自己，最大程度上利用好人生在世这短短的几十年呢？

> "能者必得其所欲，这种需求我们称之为自我实现……它指的是人们成就自我的欲望，也就是说，人们会尽力发掘自己的潜能，实现自己的理想。这种倾向可以被描述为一种对成为自己想成为的人、把能力发挥到极致的渴望。"
>
> 亚伯拉罕·马斯洛

什么是自我实现？

这个提升自我的目标曾经被称为"开悟""自我救赎""成就自我"，最近被称为"自我实现"。无论被称作什么，它都是关于如何过好你的生活，让你拥有一个有意义的、完整的人生。宗教通常会先入为主地强加给人们一种如何向善而行的观念，而自我实现是关于如何发挥自己的潜力，明志笃行，成为你心中最好的自己。人各有志，理想没有固定剧本，每个人都有不同于他人的追求。

自我实现者的品质

马斯洛在他研究的自我实现者身上发现了以下共同特质：

- 他们对自己和他人的看法比较现实，接受人们本来的样子，可以容忍缺陷
- 他们灵活应变，独立自主
- 能够看清楚现实、坦诚客观地判断形势，即不容易受骗
- 自觉、自发的意识强
- 喜欢特立独行，不盲目遵循既定的规范和惯例
- 可以容忍不确定性
- 需要私人空间和属于自己的时间
- 非常有创造力
- 会专注于自身之外的任务或问题

- 他们有一种独特的幽默感,且不建立在他人的痛苦之上
- 用严格的道德标准要求自己
- 对世界心怀敬畏和好奇心,欣赏这个世界
- 有几个交情深厚、给人满足感的挚友,而不是广交友而无深交
- 关心人类福祉
- 有过"高峰体验"

南非领导人纳尔逊·曼德拉(Nelson Rolihlahla Mandela)就是一个很好的例子。他是一个高度实现自我的人,毕生致力于为南非黑人争取自由和平等的权利

自我实现之路

自我实现之路应该是很明确和直接的，只需要你做真正的自己。然而很多人都觉得这一点很难做到，因为我们太在意别人的想法，太想要迎合他人，太想要满足别人的期望。毕竟，这种归属感也是马斯洛定义的一种需求。

那么，归属感的需求是否与自我实现者不受他人看法和期望支配的需求相冲突呢？实际上，它也许是产生压力的根源，但并不会导致冲突。自我实现者虽然知道人们对他们的期望是什么，但他们看待事物足够客观、透彻，有能力区分不同期望的本质，他们知道有些期望不过是世俗观念的结果，另一些期望则根植于更有价值的东西，因此值得去满足。

迈出第一步

并不是所有自我实现的步骤都很困难，有一些步骤仅仅需要你走出舒适区，并不需要你彻头彻尾地改变，就可以帮助你建立起追求自我实现的"肌肉记忆"。迈

高峰体验

马斯洛认为,拥有"高峰体验"是自我实现者的一个特征。当人们在思考伟大艺术、自然之美,或者获得了某种知识上的发现或其他个人成就时,我们会产生强烈的愉悦感,或是豁然顿悟、洞悉本质的感觉。这种感觉是狂喜的、超然的,可能会让人感到与大自然或灵性世界的伟大融合。在高峰体验结束之后,这种感受给人们带来的有益影响会一直持续下去。

高峰体验有时被那些体验过的人归类为宗教体验和启示。马斯洛认为,所有的宗教都是某些先知或"预言者"的高峰体验的结果。药理学研究利用精神治疗药物"裸盖菇素"再现了高峰体验效应,含有这种神经毒素的蘑菇被称为"迷幻蘑菇"。数千年来,这种蘑菇一直被用于某些宗教仪式。

向自我实现最简单的第一步是努力奋斗,无论做什么都要坚定自信。充分体验世间万物,敞开内心,感受一切微小的快乐和神奇——换句话说,用一种更天真的方式

> ### 司汤达综合征
>
> "一想到自己身在佛罗伦萨,有幸参观到那些伟人的陵墓,如此近距离地感受他们,我就感到一阵狂喜,沉浸在对崇高美的沉思中……我体验到了一种仿佛升天成仙的感觉……万物都在向我的灵魂生动地诉说。这种感受让我久久不能忘怀,我感到心脏颤动不已,柏林人称之为'神经紧张'。我的生命像被抽干了一样,走路的时候都会害怕跌倒。"
>
> 1817年,司汤达(Stendhal)在佛罗伦萨欣赏乔托(Giotto)的壁画时有感而发。这种欣赏艺术所带来的高峰体验的欣喜若狂之感有时被称为"司汤达综合征"。

来感受这个世界。虽然人们很容易变得愤世嫉俗,觉得自己看够了日落,或者没有时间停下来看看飞鸟,但是你为什么要随俗浮沉,为自己生活的乐趣设限呢?

此外,你还应该有意识地对自己尤其是对你的行为负责,而不是归咎于外因,埋怨他人。这个做法一开始可能会让你感到害怕,但它很快就会给你一种力量感。你应该勇敢地去拥抱新的体验,而不是因循守旧,安于现状。它不一定是非常夸张的戏剧性体验——哪怕只是在外卖菜单上尝试一些不同的选择，也会拓宽你的生活体验，培养你的信心。今天下决心点了蒜香脆鱿鱼，明天就敢尝试极限单板滑雪！

更重要的一步

没有人会因为你努力奋斗或尝试新事物而批评你，但是如果这些尝试会（或者仅仅是你担心会）引起你周围人的不满，那么对你来说它就是一个挑战。

最重要的一条原则是诚实。这听起来容易做起来难，因为这意味着你要按照自己的真实感觉和信念行事。假设你公司的所有人都为了给其他同事留下好印象而早到晚走，相反，自我实现者就不会参与这种装模作样的行为。他们会高效地完成工作，在必要的时间内把工作做好，不会假装自己做得比实际多得多，也不会加入这种毫无意义的"内卷"。

诚实是上策

自我实现需要你诚实地面对自己。如果有什么事情是你需要经常做但又觉得很讨厌的，比如看望不招人喜欢的亲戚或是打扫浴室，那么你应该承认你不喜欢做。承认了又能导致什么不好的后果呢？也许那个不招人喜欢的亲戚也不喜欢有人来串门呢？也许花钱请人打扫浴室会让你更开心呢？哪怕你决定一如往常、不做出任何改变，因为你的亲戚很喜欢你去看望他们，你也负担不起或不想雇用清洁工，但只要你遵从自己的内心做出选择并承担责任，它就会变得更容易接受；如果你还在与之抗争，你就已经做出了错误的选择。选择权就在你的手中，你可以选择不再看望亲戚，这可能会让你疏远家人，失去一笔遗产，或者感到内疚，但这仍是一种选择。

也许你喜欢的东西会被别人看不起，比如大篷车旅行、流行的男生组合或廉价的纪念品，但那又怎样呢？只有当你在意别人对你无害选择的评头论足时，你才会感到很丢脸。自己想做什么、喜欢什么都只要听从自己的内心就可以了，不要去管别人的喜恶。当然了，这也并不是说你要完全忽视他人的看法，永远对别人的建议置若罔闻，重要的是要根据自己的经验和喜恶来评估你的所见所闻，并做出自己的选择——那些会让你快乐和满足的选择。

坚定立场

自我实现最困难的一步，是当你的追求与你周围人的追求和信念不一样时，坚定自己的立场。坚持自己的信念、对抗舆论的浪潮、面对敌意，这一切都需要勇气。你可能会因为坚持自己的信念而痛苦，但为了自我实现，这一切都是值得的，因为坚定的正直之心将是你人生最大的财富。这就是支撑曼德拉度过监狱里艰难岁月的力量。因为他坚信，他的追求比自身的安危更重要，为了理想值得冒险或经历苦难。

自我实现只能靠自己

为了自我实现的目标，你需要知道自己应该成为什么样的人。这对每个人来说定义不同，有些人可能懒惰、粗鲁，但如果他们一直忠于自己的价值观和目标，他们依然可以达到自我实现，第欧根尼可能就属于这一类人。另外，没有人能帮你实现自我，也没有人能告诉你，你应该成为什么样的人。

自我实现与其他需求层次

马斯洛将自我实现视为人类成就的顶峰，他把它排在了需求金字塔的顶端，声称只有当所有较低的需求（从食物的需求到自尊、他人认可的需求）全部得到满足时，人们才能尝试自我实现。他还声称，只有 1%—2% 的人完成了自我实现，因为我们大多数人仍然囿于纷扰的生活需求，例如食物、住所和一辆不算太差的汽车。但是，马斯洛所指的"人们"主要是 20 世纪中期的美国白人男性，他们并不能代表大多数人（尤其是现在的人们）。一个快速评估调查表明，有许多我们认为达到了自我实现的人，其实他们似乎并没有满足金字塔底层的一些基础需求。

马斯洛认识到，并非所有人的需求都是按照他在金字塔中所列出的顺序来满足的，对某些人来说，他们满足需求的顺序可能是不同的。这一点让人欢欣鼓舞，因为这意味着即使别人不尊重你的观点或者你的身体有慢性健康问题，你仍然可以给自己设定自我实现的目标。马斯洛的需求金字塔理论和自我实现理论之间存在着矛盾：他所说的"归属感"体现在对他人认可和尊重的需求上，然而他发现，自我实现者的一个特点是，哪怕遭到激烈反对，仍能坚持自己不受欢迎的观点。因此，如果能坚定自己的想法，人们就能越过金字塔中"对他人认可和尊重的需求"的部分。

自我实现者能够与他人自我实现的需求产生共鸣，所以他们不会把自己的观点强加于人，也不会把自己的梦想捆绑在孩子身上。相反，他们会帮助他人找到自己的路，支持他们做出勇敢的选择，即便他们自己并不会做出这样的选择。

追求自我实现所带来的问题

自我实现听起来像是一个大有裨益的行动计划，但弗里茨·皮尔斯（Fritz Perls）指出，它也可能导致一些问题。格式塔疗法的创始人皮尔斯说，如果人们想要实现的理想太不切实际、脱离了真实的自我，就会有危险隐患。我们都知道自己想成为什么样的人，但我们自身的能力并不一定能与之相匹配。皮尔斯还认为，当人们将自我实现视为一种必尽的义务时也是危险的，因为它会给个体带来过度的压力。

讽刺的是，当你的信仰和理想与社会传统相悖时，通过自我实现来追求理想的压力，就变成了对世俗的蔑视、背道而驰的压力——"遵从内心"的压力变成了"反抗社会"的压力。另外，默认自我实现者一定在道德方面有更好的表现，这种观点是否合适？皮尔斯认为，一个人无法实现自我可能是因为他或她某些其他方面的需求没有得到满足，或者缺乏某些方面的能力，而不是由于他们自己的过错。有些人可能会评价一个人说，这个人太懒了，懒得提升自己。但另一种观点可能会反驳这种说法，认为这个人是因为没有自我实现的动力，才会得到"懒惰"的评价。所以从这个角度来说，他已经是他能成为的最好的自己了。

> "为什么我们谨慎地将公序良俗的标准定得如此之低？难道我们就想象不出比老老实实的消费者、训练有素的养家糊口者更好的生活榜样了吗？为什么不能以圣者贤人、艺术家等这些我们人类物种中最伟大、最美好的人作为榜样呢？"
>
> ———
>
> *西奥多·罗泽萨克（Theodore Rozsak），加利福尼亚州立大学历史学教授*

法国民族英雄圣女贞德拥有自我实现者的许多品质,她所经历过的"高峰体验"(神秘的幻象)可能会被有些人描述为妄想,但它们给了她勇气和信念去率领法国军队抗击英军的入侵

哪些人成了最好的自己?

马斯洛对自我实现之路的研究,是基于他认为达到了自我实现的18位名人的传记细节,这些名人包括:

- 亚伯拉罕·林肯——美国总统
- 阿尔伯特·爱因斯坦——物理学家,诺贝尔物理学奖得主
- 埃莉诺·罗斯福(Eleanor Roosevelt)——致力于争取妇女和非裔美国人权利的政治活动家
- 威廉·詹姆斯(William James)——哲学家、心理学家
- 西格蒙德·弗洛伊德——心理学家

第16章 胡萝卜还是大棒？

奖励和惩罚，哪个才是激励人的最佳方式？还是说，两者相辅相成？

有两种不同类型的动机驱使着人们的行为。当我们出于自身原因做某件事时，因为我们热爱这个活动，认为它在某种意义上对我们有所回报，或者它使我们朝着有价值的目标前进，我们就会产生"内部动机"。例如，如果你喜欢烘焙，那么不需要任何鼓励，你就会很乐意去烘焙。而当我们为了控制外部环境去做一件事时，比如为了维持生计，避免进监狱、避免挨饿等原因，我们就会产生"外部动机"。例如，虽然你不太喜欢目前的工作，但你还是会按照领导的要求继续做下去，因为你需要这份工作的薪水；虽然你讨厌去超市购买食物，但你还是会去买，否则家里就没有食物了，你就会挨饿。这些就是受"胡萝卜加大棒"影响而产生的外部动机。

"胡萝卜"越多越好吗？

1973年，心理学家马克·莱珀（Mark Lepper）、大卫·格林（David Greene）和理查德·尼斯贝特（Richard Nisbett）对一群3—5岁的幼儿园儿童进行了一项实验，来测试奖励的"过度理由效应"理论。他们挑选了51个喜欢画画的孩子，鼓励每个孩子画6分钟。事实上，

孩子们本身就喜欢这项活动,这是这项研究的关键。实验开始之前,孩子们被随机分成3组。实验者对第一组孩子承诺,如果他们好好画画就会得到奖励(一张证书),另外两组没有被告知这一点。在画画活动结束后,第一组被承诺的孩子得到了一份证书;第二组没有被承诺的孩子也得到了一份证书,对这组孩子来说,证书的奖励是个惊喜;第三组孩子什么也没有得到。

在接下来的几天里,研究人员继续观察这些孩子,让他们根据自己的意愿画画,并记录了孩子们主动画画的时间。观察结果令人惊讶,那些在之前的实验中得到意外奖励和没有得到奖励的孩子主动画画的时间差不多，但那些之前得到了承诺奖励的孩子主动画画的时间竟然要少一些。实际上，对于一项我们喜欢的活动来说，内部动机就足够了，如果再加上外部奖励，我们就会受到"过度理由效应"的影响，我们对外部激励（证书）的期待会降低自己完成任务的内在动力。

那些被承诺奖励的孩子们突然对他们的行为有了一个外部解释，那就是：他们画画是为了得到奖励。由此导致的结果是，今后如果不承诺奖励，他们就不愿意画画了。

外部奖励通常与我们不想做的事情相联系，孩子们通常会因为整理玩具、打扫房间、吃蔬菜或做作业等行为而得到奖励。但是你在设计这些行为的奖励之前要仔细考虑一下：如果你的孩子本身就喜欢吃绿色蔬菜或做作业，那么你给他们一个布丁或星星作为奖励可能适得其反，因为奖励表明这项活动本身不应该被喜欢。毕竟，如果我们真的热爱一件事情，有内部动机去做这件事，为什么还需要获得奖励呢？

过度理由效应对成年人也有影响。例如，当吸烟者试图戒烟时，获得奖励的人比没有获得奖励的人更不容易成功。如果他们的内部动机被一个较弱的外部动机所取代,他们就不太可能成功。

过度理由效应背后的理论是"自我知觉理论"(见第25章)。这个理论是说,我们对自己的评价实际上取决于我们的行为。这听起来似乎与我们想象中的相反,因为我们通常会认为我们的行为表现是基于我们对自己的看法。我们倾向于认为是我们的个性和态度驱动着行为,而事实上恰恰相反:我们的行为往往并不是我们自由意志的产物。

银行家为什么需要高额的奖金?

大多数没有做过银行家的人都想知道,银行家本身的基础薪金已经非常高了,为什么他们还能得到高额的奖金。关于动机和外部奖励的研究表明,因工作能力强而获得奖励所产生的动机,比仅仅因为完成一项任务或完成一定时长的工作而获得奖励所产生的动机要强。

如果你告诉某人,他们因为任务完成得很好而获得了奖励,那么无论他们实际上任务完成得如何,这

认知失调实验

1959年,利昂·费斯廷格(Leon Festinger)在加州斯坦福大学进行了一项实验,研究人员请来一些被试者执行一项枯燥的任务,当被试者完成任务之后,付给他们1美元或20美元的奖励,让他们告诉下一批参与者这项任务很有趣。在随后的实验中,那些得到20美元奖励的人更倾向于表示它很无聊,而得到1美元奖励的人则表示它更有趣。

费斯廷格的这个实验是他"认知失调理论"研究的一部分。研究表明,人们会说服自己一项任务比实际情况更有趣,因为我们不想承认自己在这项任务上浪费了时间,那些奖励金额更高的人对任务的评价更差。一般来说,当我们在做一项我们不喜欢的工作时,如果我们得到了合理的报酬,我们就会认为"要不是因为钱,我是绝对不会做这个工作的",我们会认为工作很无聊,无法享受它;相反,我们得到的报酬越少,这项工作对我们来说就越有趣。

都会使他们工作更努力、工作时间更长。因此,向银行家支付高额奖金的原因是,如果没有这些奖励,他们会成群结队地辞职，跳槽到待遇更好的地方。事实证明这是真的，但这并没有解释公司为什么非要把他们留住。

银行家们一直不承认他们是经济崩溃的原因，心理学理论对于这种否认给出了解释。当人们得到越多的报酬时，他们就会认为自己做得越好，越享受工作。通过向银行家支付高额薪酬，公司强化了他们"我的工作表现很棒，所以公司才奖励我，鼓励我继续努力"的信念。

惩罚比奖励更有效

美国经济学家约翰·李斯特（John List）尝试了不同的方法来激励教师指导学生通过考试。在两组被试教师中，他告诉第一组教师，如果他们的学生考试成绩提高，他们将获得奖金；在第二组，他发给每一位教师4 000美元，并告诉他们，如果学生的成绩没有提高，他们就必须把钱退回来。实验结果显示，平均而言，第二组教师的学生比第一组学生考试得分高了7%。

慈善与非慈善

有些人为了实现目标,试图给自己施加压力,承诺如果失败就捐钱给慈善机构。例如,他们会说,如果自己减肥不成功,就捐钱给癌症研究机构。但实际上,这种方法很少会成功。

虽然努力不让自己失去金钱的动机是对行动的合理激励,但钱将被用于慈善事业的事实削弱了这种动机。把钱捐给有价值的慈善机构会让我们对自己和自己所做的事情感觉良好,这意味着我们设置了一种会让我们感觉良好的惩罚措施。哪怕你的目标没有实现,你也会想:"起码我的钱用来做了好事。"

承诺向一个你并不支持的非慈善事业(例如你不喜欢的某个政党或活动组织)捐款则要有效得多,这样你就会有一个更强大的动机,驱使自己成功完成目标。

第17章 你能辨认出精神病态者吗？

他们不一定都是挥刀的疯子，还有哪些不那么明显的特征呢？

如果一个精神病态者出现在你面前，你能辨认得出吗？你可能在生活中至少见过一个，因为据估计，大约有1%到2%的人可以被归为精神病态者，这也意味着你也有1%的概率是精神病态者。但人们也没有必要太过担心，并不是所有的精神病态者都会变成变态杀手，他们的基因和环境诱因都需要有特定的巧合，才会成为杀人凶手。

精神病态者是天生的杀手吗？

吉姆·法伦（Jim Fallon）是一位研究精神病态杀手大脑的心理学家。他发现在他检查过的精神病杀手中，眶额皮质（覆盖于眼部上方的大脑皮层）活动不足是他们的普遍特征。此外，他们的杏仁体也异于常人。杏仁体是位于大脑深处的两个小小的脑部组织，与调节情绪、控制道德行为有关。通常情况下，精神病态者的杏仁体不活跃，而且比非精神病态者的杏仁体约小18%。这导致的结果是，精神病态者基本上没有良知，尽管他们可以通过将自己的行为与一套道德准则做比较来判断出某些行为是错误的,但他们很少有或没有天生的道德感。

法伦的家族精神病史

在研究精神病的同时,法伦还对阿尔茨海默病患者的大脑进行了正电子发射断层扫描(PET扫描)。由于他母亲的家族有阿尔茨海默病的病史,他为自己的家人也做了扫描检查,这样一旦出现病症的早期信号,他也可以早一些发现。通过检查,法伦没有发现阿尔茨海默病的迹象,但最后一张脑部扫描图显示出了明显的精神病态特征。起初他还以为自己把扫描结果搞混了,但再次检查时,他发现这竟然是自己的脑部扫描图。作为一个颇有成就的神经科学家,他竟

莉齐·波登用斧头砍了她妈妈40下。当她看到自己所做的一切,她又砍了父亲41下

然拥有一个潜在精神病杀手的大脑。

当他向他母亲提及此事时，母亲建议他调查一下他父亲的家族史。结果法伦发现自己是7名杀手的直系后代，其中包括美国第一个因弑母罪被处决的人。另一位亲属是莉齐·波登（Lizzie Borden），1892年，她被怀疑用斧头杀害了自己的父亲和继母。

精神病态基因

法伦从研究中得出结论，有几个基因倾向于导致暴力的精神病态行为，他将它们称为"战士基因"。但是这些基因的携带者并不一定会成为杀手，除非他们的生活环境也出现了问题。法伦还把自己相对平静的生活归功于父母的爱，他认为，那些成为连环杀手的人通常在童年时遭受过虐待或其他极端创伤。除了遗传因素之外，还有其他因素触发了他们的暴力行为。

资本主义社会中的精神病态者

那么，存在于人群中的那1%的潜在精神病态者都去哪儿了呢？实际上，他们中的许多人在商业领域发展得很成功。CEO中的精神病态者比例过高，据估计，有4%的CEO有精神病态的特征。法伦也是一个精神病态者，他还是一个成功的神经科学家。像法伦这样亲社会的精神病态者比大多数人都缺少同情心，不容易形成亲密关系，经常有很强的竞争意识，但他们不太会杀人。

当法伦请他的朋友和家人描述他的性格时，他们都说法伦反社会。法伦说，当他思考这个问题时，他并不在意这种描述，这也证明了朋友和家人们的描述是对的。一个亲社会的精神病态者通常表现得很合群，工作努力，甚至可能看上去很有魅力，表面上善于交际，但只停留在相当肤浅的层面。然而当他们作为家庭成员或亲密朋友时，可能不太容易相处。

目前尚不明确精神病态究竟是一种可以直接评估为"精神病态"或"非精神病态"的病情，还是说人们一系列的倾向和行为结合起来导致了精神病态行为。如果是后者，那么精神病态将会有一个细分的评级范围，严重程度从完全非精神病态一直到危险的、有犯罪风险的精神病态。

共情障碍

英国心理学家西蒙·巴伦-科恩(Simon Baron-Cohen)是共情障碍方面的专家,他注意到,精神病态者缺乏真正的共情,却善于开启和关闭共情。他们表面上可以通过模仿他人把共情演得很真实,但实际上并不会真正考虑他人的感受,也没有什么同情心。自闭症患者同样无法做到共情,但他们同时也缺乏理解他人想法的能力,很难与他人的观点或感受产生共鸣。精神病态者却非常善于理解他人的想法,哪怕别人不说出来他们也能了然于心,这使他们成为无情的操纵专家。

> "连环杀手会毁掉一个个家庭,而企业、政治和宗教领域的精神病态者会毁掉经济,这两种人会毁掉整个社会。"
>
> 罗伯特·黑尔(Robert Hare),不列颠哥伦比亚大学

装疯会变疯吗?

记者乔恩·龙森（Jon Ronson）对精神病态进行了大量的研究和写作。在他的研究过程中，他在英国伯克郡戒备森严的精神健康中心"布罗德莫精神病院"，见到了一个名叫托尼的人。托尼告诉龙森，他17岁时曾因在酒吧殴打他人而被捕，另一名囚犯建议他装疯，他当时认为这样可以获得较轻的判决。于是托尼从电影和书中借鉴了一些想法，假装自己是精神病者。他说自己用汽车撞墙能获得性快感，这个想法实际上来自电影《撞车》。他还说他想看着女人死去，那会让他觉得自己很正常，这个想法来自连环杀手泰德·邦迪（Ted Bundy）的自传。托尼的装疯卖傻十分成功，最后他确实没有被关进监狱，却被关进了全国管理最严格的精神病院，相比起来也许监狱还更舒服一些。

尽管托尼说他只是装疯，但他在布罗德莫精神病院待了14年才最终被释放。托尼告诉龙森，每次他做一些正常的事情（比如和护士谈论奇闻逸事或者穿西装）都会被视为不正常表现的证据。一位临床医生告诉龙森，他认为尽管托尼的精神病态症状是假装的，但他如此缺

在电影《飞越疯人院》(1975)中,杰克·尼科尔森扮演的角色为了逃避监狱里的强制劳动而装疯

乏愧疚感,如此擅于操纵别人,他很可能真的是精神病态者。

尽管龙森对精神病态有着广泛的研究,他竟然还是相信了托尼的话。托尼真的是个操纵龙森让他相信自己故事的精神病态者吗?或许他真的不是。托尼发现,让别人相信你疯了很容易,但要证明你没疯就难多了,因为连正常人做的很多事情在别人看来都是疯狂的。获释20个月后,托尼因在酒吧袭击他人而再次入狱。

黑尔精神病态测评量表

有许多测试可以用来评估个人表现出的精神病态程度，使用最广泛的一种是黑尔精神病态测评量表（Hare Psychopathy Checklist），它列出了对被试者进行精神病态评级的特征。量表内的精神病态特征如下：

- 油嘴滑舌，表面看上去有魅力
- 对自己的评价过高，非常自负
- 生活中需要刺激
- 病理性说谎
- 狡猾、擅于操纵别人
- 缺乏悔意或愧疚之心
- 情感止于浅层、无法深入（情绪反应浮于表面）
- 冷酷无情、缺乏同理心
- 寄生式的生活方式，依靠他人生活
- 行为控制能力差
- 性滥交
- 早期就出现过行为问题
- 缺乏现实的长期目标
- 行事易冲动

- 无责任感
- 无法接受自己的行为责任
- 有过多段短暂的婚姻关系
- 有过青少年犯罪史
- 犯罪类型多种多样

第18章 你看到了什么？

观察事物的时候，眼睛和大脑协同工作，但识别的结果可能会令人困惑。

请看前一页的图片，你可能看到过很多类似的"错觉"图片。它为什么一会儿看着像花瓶，一会儿又像两张人脸？它对我们的大脑做了什么，我们为什么会有这种感受？答案是，当我们看图的时候，大脑会试图分辨出图像的前景和背景，而当前景和背景无法分辨（两者都是有意义的形状）时，我们就会看到所谓的"多稳态图像"。

识别我们看到的物体

当我们看东西的时候，大脑需要做很多工作去理解它们。大脑接收到的仅仅是一组数据，这些数据是以外界物体发出或反射出彩色光的形式出现的。为了给我们看到的东西赋予意义，大脑需要识别这些物体，即使它们的照明度不同、方位不同、与眼睛的距离也不同。

那么，有多少视觉能力是后天习得的，又有多少是天生的呢？对两到三个月大的小婴儿进行的实验表明，人类大脑处理信息的一些能力在婴儿时期就已经具备。例如，对于物体大小知觉的恒常性（无论物体的位置近还是远，我们都知道它的大小是不变的）、以三维视角观察世界，以及识别形状和图案是大多数婴儿与生俱来的能力。杰罗姆·布鲁纳（Jerome Bruner）在1966年关于认知发展的研究表明，婴幼儿的大脑会积极地解决问题，帮助自己理解这个世界。

感知与环境

20世纪60年代进行的动物实验影响了此后认知发展的研究。研究者发现，当一个动物在幼年期被剥夺了对正常光线和图案模式的接触，在以后的生活中它就无法对这些刺激做出正常的反应。1963年，赫尔德（R. Held）和海因（A. Hein）发现，如果不让小猫探索周围的环境，它们以后走路的姿势就会很奇怪，也无法对接近的物体做出正常的反应。赫尔德和海因得出的结论是，这是因为小猫没有发展深度知觉，因此，他们无法将协调性和知觉联系起来。

对那些先天失明者以及婴儿时期失明后来恢复视力者的研究表明，视觉有些方面的能力是后天习得的，有些方面是天生的。另外，文化差异和成长环境也会影响感知能力。科林·特恩布尔（Colin Turnbull）研

> "我们的感知有一部分来自感官对眼前物体的识别,而另一部分(可能是更大的一部分)来自我们自己的认知。"
>
> 威廉·詹姆斯(William James),哲学家、心理学家

究了扎伊尔的姆布蒂俾格米人,由于姆布蒂人一辈子生活在茂密的森林里,特恩布尔怀疑他们对距离和大小的感知异于常人。于是他把姆布蒂人带到平原上,让他们看远处的一群水牛,姆布蒂人认为这些水牛是"奇怪的昆虫",而且会惊讶于这些动物离他们越近时显得越大。

整体地感知事物

请看左边,你的大脑对这个图像会产生两种识别结果:它可能是3个黑色圆形前面放了一个白色三角形,也可能是一个白色三角形带了3个黑色的角。你不太可能只看到3个不完整的黑色圆形。但是,我们如果把这3个

黑色图形重新排列，你就不会产生"白色三角形"的感知了。

大脑有一种天生的倾向，感知事物的时候喜欢以整体而不是单个的元素为单位，而整体所代表的意义，远不止把所有元素拼起来那么简单。这有点像是给你一道沙拉和把沙拉的食材原料单独呈现给你的区别，其实呈现的原料内容并没有变化，只是它们被呈现出来的方式不同，意义就完全不同了。想象一下，如果你来我家做客，我给你一个牛油果、一堆芝麻菜、一些松子、一块帕尔马干酪、一瓶初榨橄榄油和一些意大利香醋，你可能会觉得莫名其妙。但如果我把它们混合在一起放在盘中，做成一道沙拉，甚至再加上漂亮的摆盘，你可能就会很高兴了。

大小与距离

大脑会将这幅图像识别为3个从左到右逐渐变大的人影，其中离我们最近的人影最小。图中的线条暗示了墙壁和地砖，使大脑认为这是一幅透视图，右边的人影离我们较远。实际上，这3个人影的大小是一样的。大

脑对图像进行了透视处理：如果一个人影出现在远处，并且与前景中的人影大小相同，我们的大脑就会告诉我们，当人影出现在远处时它会显得比较小，因此，它的实际尺寸比前景的人影更大一些。

大脑的解释

我们的大脑还会自动补充图像中缺失的部分，识别出符合人们感知习惯的图案。请看下面的形状。

我们会首先看到一个圆和一个矩形，而不是许多长

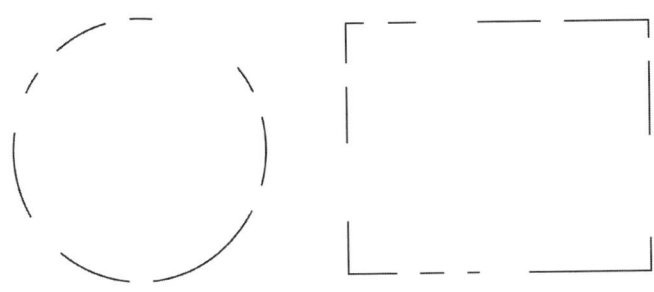

短不一的线条。我们的大脑不仅仅会以整体感知事物,还会做出很多推论和假设来帮助我们理解我们看到的东西。请看下面这张照片:你认为这是一个画在栅栏上的小马的形状,还是一只站在镜头外的小马的影子?

大脑会利用我们的知识和过去的经验来解释它所看到的一切。哪怕是一个从未见过马的小朋友也可能会猜出这是一个动物的影子,因为他或她已经习惯了看到影子,但不习惯看到画在栅栏上的奇怪形状。

你看到了什么

40年前发布的一张"火星人脸"照片（见图a）使世界各地的人们展开了讨论，大家的观点五花八门，有人认为曾有外星人造访火星或者在火星上生活过，甚至还有人认为它可能是神灵留在那里的印记。而在之后的1998年，当火星上的这个位置在稍微不同的角度和光照条件下再次被拍摄出来时，人们看到，它只是一座山（见图b）。

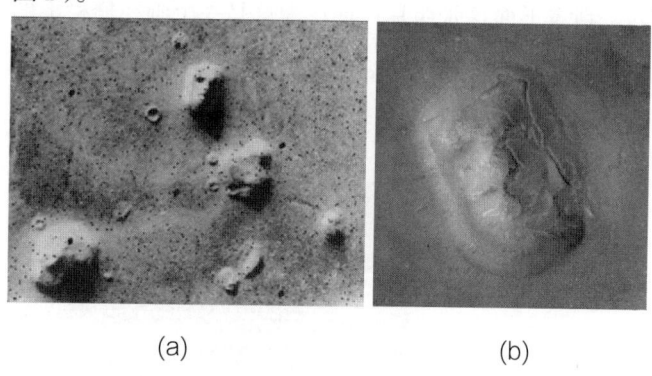

(a) (b)

大脑有区别和归类的功能，哪怕两样东西看起来并不相似，我们也能识别出它们属于同样的种类。我们可以毫不费力地识别出一个人类，不管他高矮胖瘦，也不管他长成什么样子。同样，我们也可以很轻松地识别出一棵树、一把椅子或一只猫,哪怕我们以前从未见过这种样子的树、椅子或猫。

我们还可以从不同的角度、距离或位置识别出一个物体。而且,尽管我们的深度知觉通常是通过两只眼睛的输入来产生的,如果我们闭上一只眼睛,我们就只能看到二维图像;但是,大脑会对此进行补偿,利用一只眼睛的输入为我们创建一个相当不错的三维透视图。

幻想性视错觉

幻想性视错觉是大脑在随机图像或声音中寻找意义或归类的现象。大脑对于我们熟悉的事物印象比较深刻,它会对一个眼前的事物努力地寻找意义、试图找到它归属的种类,但这些归类不一定是对的,它只是给我们的所见所闻赋予一种解释的方式。

幻想性视错觉解释了为什么人们在烤奶酪三明治上看到了圣母玛利亚或安拉的图案,或者在火星上看到了人脸而不是一座山。

不可撤销

当大脑识别出一个图案时,你很难撤销大脑在识别图案时所做的工作,除非它对这个图案又有了一种同样形象的解释。请看下面这张图片:一开始,你会看到很多随机排列的黑色斑点,但是,当你看出来其中一部分有画面感的图像时,就很难再把它看成一个随机排列的图案。

也许你还记得,在你学会识字之前,文字对你来说看起来就像是一堆歪歪扭扭的线条。然而一旦你认识了

这些文字,就不可能再把它们看成没有意义的线条了。如果想要找回那种感觉,你可以去看一种你完全不懂的语言的文字。

下面的图片上是一些泰米尔语的文字，除非你懂泰米尔语，否则你只会把它们看成一堆抽象的形状。

"部分"与"整体"

格式塔理论认为，我们以一个整体的形式来感知事物，而不是先把事物的各个部分识别出来，然后拼凑在一起。例如，当我们看到上一页那张斑点狗的伪装图片时，我们并不是先识别出耳朵，然后识别出尾巴，再然后是爪子，最后从这些线索推断出它是一只斑点狗。我们会要么一次看出整条狗，要么完全看不出。

> "当你在构思一幅画时,就连墙上的斑点、混色的石块也可以给你无限的灵感:你能从中看出山川、河流、岩石、树木、平原、宽阔的山谷,连绵起伏的小山丘;你还可以看出各种打斗场面和动作敏捷的人物形象;看出各种怪异的表情和奇装异服等无数景象。然后你就可以从中挑选一个灵感,把它打造成一幅精美的作品。"
>
> ——《达·芬奇笔记》,列奥纳多·达·芬奇

186页那张3个不完整黑色圆形图是大脑"具象化"(reification)的例子,大脑会添加原本图像中没有的东西。"恒常性"(invariance)是知觉的一个属性,它告诉我们一个物体不管从何种角度、距离、表现形式(有时看上去甚至是扭曲的)呈现出来,实际上都是不变的。

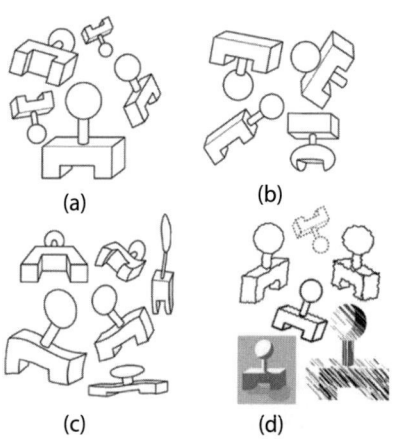

知觉的恒常性:图 a 和图 b 展示的是从不同角度观察到的同一个物体;图 c 展示的是扭曲的该物体;图 d 展示的是该物体的不同表现形式

我们如何进行分组识别？

格式塔理论认为，我们的大脑会遵循一些原则，帮助我们将看到的物体进行分组识别。

"接近原则"会让我们把距离很近的事物视为同一组。例如在图 a 中，我们会看到 3 组圆圈，每组 12 个，而不仅仅是 36 个圆圈。

"相似原则"会让我们将看起来相似的事物归为同一组。例如在图 b 中，我们会看到 3 排涂满黑色的圆圈和 3 排没有涂色的圆圈，而不是一组 36 个圆圈。

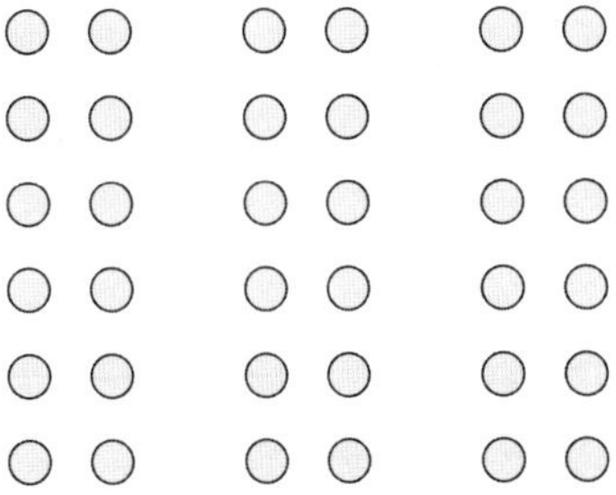

(a)

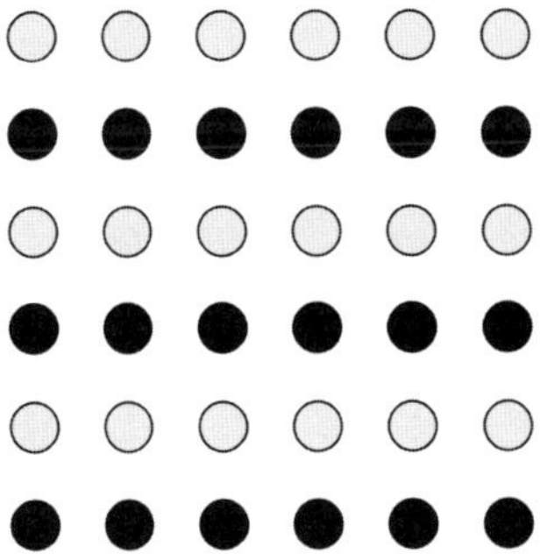

(b)

"对称原则"帮助我们将一个不完整的三角形或其他形状的图案补充完整，它还会使我们根据对称性将物体分组。例如，当我们看到"[ ]{ }[ ]"时，我们就知道它们是3组括号，而不是6个分开的括号。

在某些情况下，"经验原则"可以推翻接近、相似和对称原则。如果我们习惯于看到两个物体挨在一起，那么我们更有可能把它们放在一起识别。例如，经验原则会让我们把"13"看成数字"十三"。然而，如果我们看到的是一组字母，我们可能会更倾向于把它看成字母"B"。例如"1313C"，我们会识别出字母缩写"BBC"。

"共势原则"指的是，当我们看到一些物体朝着同一个方向移动，我们倾向于把它们归为一组。"连续原则"会使我们看到下面的图像时，识别出两条相交的线，而不是四条相交的线。

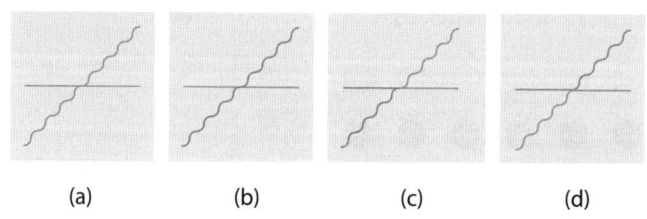

(a)　　　　(b)　　　　(c)　　　　(d)

"好的格式塔原则"指的是，一些形状和线条如果可以一起组成一个简单、规则的图形，我们就会倾向于将这些形状和线条放在一起感知。我们的心智会试图给我们看到的这些东西赋予形状。所以,当我们看到右边的图形时,我们会识别出一个正方形和一个三角形重叠的图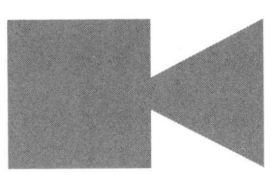形,而不是一个有八条边的不规则图形。

逐字逐句与主旨化

有一种知觉理论认为,人们以两种方式对眼前的事物进行识别:逐字逐句和主旨化。逐字逐句指的是图片所显示的内容,主旨指的是我们从图片中领会到的含义。这让我们可以对自己的大脑开一些玩笑:请即时作答,上图框里的文字是什么颜色?

美国心理学家斯特鲁普(John Ridley Stroop)对这一观点进行了进一步的发展。他发现,如果你把表示颜色的文字印成其他颜色(字色矛盾),那么阅读这些文字则需要更长的时间,因为大脑必须克服两种识别方式的混淆。从那以后,无数的心理学实验都利用了这种心理反应时间的延迟,这种现象被称为"斯特鲁普效应"。

"来自地狱的蝙蝠"

当我们看到不明确或不完整的图像时，每个人给出的识别往往不尽相同。心理学家和招聘人员有时会通过一些投射测试来了解一个人的心理倾向或性格。1921年，赫尔曼·罗夏（Hermann Rorschach）设计了罗夏墨迹测验。在测试中，主试者会向被试者展示一些印有对称墨迹图像的卡片，并询问他们从墨迹图像中看出了什么，一共有10张测试卡。

主试者会对被试者的回答进行结果分析和解读并诊断出可能的精神方面的问题、推断出可能的人格类型。罗夏墨迹测验在20世纪60年代非常流行，目前在日本依然很流行，在美国也仍然被广泛使用，但在英国因测验效度被诟病而普遍不受信任，几乎不被使用。

另一个通常用来洞察人们的思维模式、注意力和创造力水平的测试是：向被试者展示一个形状或线条，要求他们将其发展出尽可能多的不同的图画创作。这个测试也可用来自测，你可以尝试用一个圆在两分钟内画出尽可能多的图画。

第19章

观看暴力画面会让人变得暴力吗？

人们常说，屏幕上的暴力画面会导致现实生活中的暴力行为，这种说法可信吗？

观看电视、网络和电子游戏中的暴力行为是否会让人变得更加暴力？还是因为本身大部分年轻男性都玩电子游戏，所以年轻的男性杀手大概率也会玩电子游戏？目睹暴力会导致暴力行为的论点似乎很有说服力。

游戏结束

2013年，亚伦·亚历克西斯（Aaron Alexis）在美国华盛顿特区的一个海军基地开枪打死了12个人，亚历克西斯喜欢玩电子游戏《使命召唤》这一事实被媒体抓住不放，并暗示这可能是他犯罪的导火索；2011年在挪威杀死77人的安德斯·贝林·布雷维克（Anders Behring Breivik）说，他通过玩电子游戏《使命召唤》和《魔兽世界》来练习，帮助自己完成杀人目标；和布雷维克一样，桑迪胡克小学枪击案的凶手之一

> "生活就是一场电子游戏，每个人随时有可能死掉。"
>
> 这是亚拉巴马州少年德文·摩尔（Devin Moore）的原话，他因轻微交通违章而被捕。之后他从一名警官手中抢过一把手枪，射杀了3名警官并偷了一辆警车逃跑了。他说自己受到了电子游戏《侠盗猎车手》的影响

亚当·兰扎（Adam Lanza）也通过玩电子游戏《使命召唤》进行"杀人训练"；2007年在弗吉尼亚理工大学杀害32人的赵承熙（Seung-Hui Cho）是暴力电子游戏《反恐精英》的狂热玩家。几乎每一起大规模枪击事件发生之后，媒体都将矛头指向暴力电子游戏、暴力电影对人们的恶劣影响，将其视为一个促成暴力事件的因素。

波波玩偶实验

1961年，心理学家阿尔伯特·班杜拉（Albert Bandura）着手研究儿童是否会模仿榜样所展示的暴力行为。他和他在斯坦福大学的同事招募了72名儿童及一些成年研究人员作为"榜样"参与实验。在将这些孩子分组之前，研究人员首先测试了他们的攻击性水平，以确保每个小组的攻击性水平较为平均。

接下来，这些孩子被分为3组，每个小组24人。第一组分配"攻击性"的成人榜样，第二组分配"非攻击性"的成人榜样，对照组不分配成人榜样。孩子们被单独带进一间游戏室，游戏室的一角放着一些供孩子们玩的玩具，另一角放着木槌、钉板和波波玩偶，这些是给成人榜样用的。(波波玩偶是一种大而耐用的充气不倒翁娃娃,被打翻之后很快会弹回原位。)

第一组的孩子玩了10分钟玩具之后,一个成年榜样走了进来,玩了一会儿玩具,然后开始攻击波波玩偶,用拳头、木槌打它,把它扔来扔去,还骂它。10分钟后,成人榜样离开了房间。第二组的孩子也先玩了一会儿玩具,然后另一个成人榜样进入房间,但只是安静地玩10分钟玩具,没有理会波波玩偶,然后离开。对照组的孩子们自己玩了10分钟。

被唤醒的攻击性

成人榜样的部分结束之后,孩子们被单独带到另一间充满有趣玩具的游戏室。他们在里面玩2分钟之后,实验者进来告诉他们,这些都是他最好的玩具,但是他决定把这些最好的玩具留给其他孩子,他们可以去另外一个房间(实验室)玩耍。这样说的目的是让孩子们产生焦虑、生气等负面情绪。然后,这些孩子被送到另一间实验室并被允许单独在那里玩20分钟,研究人员团队则在暗中观察他们。

班杜拉发现，观察到成人榜样攻击波波玩偶的孩子在实验室中更有可能攻击或辱骂波波玩偶。他发现第一组孩子的攻击性水平与其他组相比存在显著差异，而且如果成人榜样是男性，那么女孩则更具身体攻击性；如果成人榜样是女性，那么女孩则更具语言攻击性。男孩则更倾向于模仿男性榜样。男孩的身体攻击性是女孩的3倍，但男孩和女孩在语言攻击性方面的差异不大。

有趣的是，与对照组的孩子们相比，接触非攻击性成人榜样的孩子们表现出攻击性的可能性更小，因此，一个不具攻击性的榜样似乎有着积极的影响。

实验结论

班杜拉从这些实验中得出结论，他认为儿童会通过观察其他人的行为来学习攻击性等社会行为，这对于"媒体暴力是否影响儿童"是一个重要的启示。然而，观看成人榜样所带来的积极和消极影响是否会长期影响孩子的成长，这一点尚未明确。此外，在实验中孩子和成人榜样之间没有任何互动或沟通，这并不是发生在普通家庭中的典型、正常的榜样类型。

也有人认为,孩子们在实验中的暴力行为根本不是出于攻击,而是出于一种通过模仿成年人来取悦他人的欲望。还有人指出,以前没有玩过波波玩偶的孩子模仿攻击行为的可能性是那些已经习惯玩波波玩偶的孩子的5倍。

另外,实验者的行为也可能刺激了攻击性的产生:研究人员故意让孩子们感到沮丧和被嘲弄,这本身就可以被认为是榜样的攻击性表现。

奖惩强化

班杜拉在1963年又做了一次波波玩偶实验,这次是为了研究奖励和惩罚如何影响孩子们对攻击性行为的模仿。第一组孩子目睹了一个攻击性榜样对波波玩偶的攻击和尖叫,之后榜样得到了糖果作为奖励;第二组孩子目睹了同样的攻击行为,但榜样受到了惩罚,实验者警告他"不要再这样做了";对照组的孩子目睹了攻击行为之后,榜样没有承担任何后果。

这部分实验结束之后,实验者让孩子们玩波波玩偶,结果发现,看到攻击性榜样被奖励的孩子和对照组的孩子相比更有可能具有攻击性；看到攻击性榜样被惩罚的孩子不模仿攻击行为，因为他们预料到了负面后果。

真人、录像和卡通片中的榜样

班杜拉还进行了其他实验，分别针对3组儿童：观看真人攻击波波玩偶的儿童、观看录像里真人攻击波波玩偶的儿童，以及观看电视里卡通猫攻击波波玩偶的儿童。将实验结果进行比较之后，班杜拉发现在所有的情况下，无论是在现实、录像，还是在卡通片中，目睹了攻击行为的孩子都更有可能表现出攻击行为。

其他类似的实验

波波玩偶实验各种形式的发展变化产生了相似的结论。当实验用一个真人小丑取代波波玩偶，小丑也受到了孩子们的攻击；另外一个实验用已婚男性取代儿童作为被试者，用暴力或非暴力的电视节目取代了对波波玩偶的攻击，在实验结束之后他们的妻子报告说，观看暴力节目的男性更有攻击性（1977）；还有一项实验比较了观看暴力电影和浪漫电影的被试者行为，研究者也得出了相似的结论（1992）；另有一项实验发现，暴力电子游戏和非暴力电子游戏玩家之间的攻击性水平也存在差异（2002），实验结果表明，那些暴力电子游戏玩家比非暴力电子游戏玩家更具攻击性。

当然了，并不是所有喜欢暴力电子游戏的人都会在现实生活中朝人群疯狂射击。虽然一些大型枪击案的凶手确实是狂热的电子游戏玩家；但他们都是年轻人，本身许多年轻人就喜欢玩电子游戏。虽然波波玩偶实验表明，目睹了暴力和表现出攻击行为之间存在联系，但这并不能证明

> "我们查看了维纳布尔斯（Venables）家租过的大约200部录像带，里面有一些内容确实不太好，但没有任何场景、情节或者对话能让你按下暂停键并确信无疑地说，就是这些内容影响了这个男孩，致使他出去杀人。"
>
> 这是一名默西塞德郡警探的原话，他负责调查1993年两名年龄大一些的儿童杀害幼童詹姆斯·巴尔杰（James Bugler）的案子。当时有人认为是"录像带里乱七八糟的内容"（类别不明的暴力电影）影响了这起谋杀案的凶手

玩暴力电子游戏会直接导致暴力行为的观点是正确的。

研究发现，花大量时间玩电子游戏与抑郁症之间存在联系，然而是游戏导致人们抑郁，还是那些有抑郁倾向的人更有可能玩电子游戏尚不明确。每天花大量时间玩电子游戏的青少年（主要是男孩）往往社交能力发展比较落后，因为他们与现实世界中的人缺乏交流。这实际上是一个先有鸡还是先有蛋的问题：到底是不爱社交的男孩被游戏吸引，还是爱玩游戏的男孩没有机会锻炼社交能力，因此变得不爱社交？加拿大布鲁克大学的一项研究发现，与不沉迷于暴力游戏的孩子相比，那些十三四岁每天玩3个小时或更长时间暴力电子游戏的孩子发展同理心和待人接物的道德责任感的速度较慢。但是，这里要重申的是，也可能是因为暴力电子游戏更能吸引那些同理心发展较慢的人。

> "经常玩暴力电子游戏可能会影响道德判断能力的发展，因为在游戏中，暴力不仅仅是可以接受的，而且是合理的、值得去做的事情。"
>
> ———
>
> 米里亚娜·巴乔维奇（Mirjana Bajovic），布鲁克大学，加拿大安大略省

> **归咎于大脑**
>
> 2006年,印第安纳大学医学院对44名年轻人进行了实验,让他们在玩过暴力或非暴力电子游戏之后,立即接受脑部扫描。结果发现,那些暴力电子游戏玩家的杏仁体(本书中提到过,杏仁体负责调节情绪)表现出额外的活动,而前额叶(负责自我控制、自我约束和注意力集中)的活动则有所减少;而那些非暴力电子游戏玩家则没有这种变化。
>
> 大量的研究发现,人在屏幕上观看暴力或威胁性质的内容会导致肾上腺素激增,这种化学物质能让身体在面对现实中的危险时做好战斗或逃跑的准备。这至少可以让我们知道,身体无法区分真实的暴力和幻想的暴力。当我们既不需要战斗也不需要逃跑,而体内的肾上腺素水平依然很高时,我们就更有可能对其他一些触发因素做出攻击性的反应。

研究还在继续

自20世纪60年代班杜拉的研究开始,电视、电影上的暴力场面甚至变得更加生动,暴力电子游戏也越来越多。电子游戏与电影、电视节目之间有一个重要的不同之处——电子游戏玩家参与了模拟暴力行为,而不仅仅是观看。而这些电子游戏是否如某些人所言,是一种安全的发泄方式,能够帮助人们安全地表达出暴力情感,还是说会导致人们在现实世界中施暴倾向增加?

班杜拉的实验已经过去了50多年,之后也出现了几十项关于现场观看、通过录像或卡通片观看暴力行为的影响问题的进一步研究,但是到目前为止,仍没有出现一个意见统一的结论。

第20章

记忆会欺骗我们吗?

记忆可以欺骗我们,但有时我们也可以欺骗它。

我们都有过这样的经历：为了某件事走进一个房间，进去之后却忘了自己本来要来干什么；在一次会议或聚会上被介绍给6个人并互通了姓名，可是过了一分钟就想不起他们的名字了。随着年龄的增长，短时记忆的衰退会越来越严重，但其实我们的短时记忆本身就不是很可靠，"短时"的定义比我们想象的还要短。

短时记忆与长时记忆

有些事情我们瞬间就忘记了，有些则会记住一辈子。许多事情被我们完全遗忘了，至少在显意识层面是这样，有一些被遗忘的记忆可以通过催眠或其他手段来帮助恢复。那么，记忆是如何工作的呢？

我们的眼睛和耳朵存储输入信息的时间不到一秒钟，这一秒钟的记忆可以用于决定哪些信息需要长期存储，哪些可以忽略。毕竟，我们的大脑承受着持续不断的信息轰炸，大部分的信息都不是必要的。

任何看起来有用的信息都会被转移到短时记忆中，例如，记住你要去厨房拿勺子，或者你刚遇到的人的名字等信息。短时记忆通常持续15—30秒,所以如果厨房离你很远,走过去的时间超出了短时记忆的时间,你就有可能会忘记自己原本来厨房的目的。短时记忆一次可以让你记住大约7样东西,当我们想要短时间内记住一些信息时,我们通常会在脑子里重复这些单词。短时记忆似乎与声音有联系,这可能就是为什么我们很难记住发音相似的单词或声音,比如押韵的单词(例如 bat, cat, mat, rat, hat 和 fat),而记住发音不同的单词(例如 cat, dog, ham, toad, stick 和 mud)会更容易一些。

长时记忆则可以将信息保存一辈子,当然了,"可以"存储并不意味着它总是能成功储存,考试之前努力复习过的人都明白这一点。尽管有时会储存失败,但长时记忆似乎容量无限。而且,与短时记忆不同的是,长时记忆与语义(信息的含义)相关。因此,长时记忆存储发音相似的单词比存储含义相似的单词更容易。

通常情况下,我们在使用长时记忆的时候只需要把事情记住几分钟或几个小时。你可能只是想在去超市之前记住购物清单,购物之后就不需要回忆了。这些记忆用过之后,你就可以放心地把它们忘掉了。

在"金氏游戏"中[Kim's game,游戏名称来自鲁德亚德·吉卜林(Rudyard Kipling)的一个故事],托盘上摆放了一些物品,你有30秒的时间观察这些物品,然后需要把目光移开,试着说出你能记住的物品。大多数游戏者可以记住5—9样物品

为什么我们不会忘记如何骑自行车

记忆有几种类型:一种被称为"程序性记忆",它是一种负责学会如何做一件事的记忆,比如身体技能,这种记忆恢复起来很快。程序性记忆存储了各种一旦学会就很难忘记的技能,包括骑自行车。即使是那些患有顺行性失忆症的人,他们虽然丧失了储存长时记忆的能

力，但通常也能记得他们之前学会的技能并能够学习同一类型的新技能。

还有两种类型的记忆被称为"形象记忆"和"陈述性记忆"。我们的所见所闻形成了形象记忆，能经常回忆起它们，就像我们第一次经历它们一样，历历在目。陈述性记忆是我们在谈论回忆时最常用到的记忆类型，包括"语义记忆"和"情景记忆"，前者负责回忆含义和知识，后者与特定的时间、地点有关，是根据时空关系对我们个人经历的回忆。

怎样才能记住？

虽然我们的记忆从瞬时记忆到短时记忆再到长时记忆的序列看上去必然如此，但是很明显，并不是我们的一切所见所闻和经历都能变为长时记忆。我们在学校的大部分时间都花在学习和记忆上，因此，正确选择你要记住哪些信息才是至关重要的。

短时记忆可以被看作我们的"工作记忆"。如果我们把记忆系统比作一台电脑，那么瞬时记忆就是键盘和鼠标的输入，工作记忆是我们的内存，长时记忆则是硬

记忆小窍门：组块记忆法

如果你要记住一个超过7位数的数字，可以把它变成一个个的"组块"去记忆，这样会更容易。例如，记电话号码的时候，最好以2个或3个数字为一组来记忆："07 32 98 56 44"比单个的数字为一组"0 7 3 2 9 8 5 6 4 4"更容易记住。

当你想记住一个购物清单时，可以这样去记：豆类和面包、西红柿和黄油、咖啡和牛奶，把它们变成这种有语义关联的单词组合会更容易记住。（咖啡和牛奶比咖啡和西红柿更容易记住，因为人们在咖啡里放牛奶，但不太会放西红柿。）

盘或网盘，长期保存我们的工作内容。

工作记忆的任务是处理传入的数据并决定是保留还是删除。有一种叫作"中央执行系统"的技术充当着监督者或管理者的角色，操控着信息的输入和输出。它可以同时处理多个任务，只要它们所需的技能或注意力不属于同一类型。例如，我们可以一边织毛衣一边看电视，但不能一边看书一边聊天。

那些工作记忆挑选出来用于长期存储的零碎信息，

如果经过深度加工，就能被很好地记住。这意味着它们必须被分析和理解，而不仅仅是重复。重复虽然可以起到作用（例如我们小时候背的字母表，一辈子都不会忘记），但是将记忆赋予意义或者将新知识与现有知识联系起来的过程最有利于形成长时记忆。

有效的记忆法

如果事物有一些与众不同的地方，它们就会更令人难忘。通常来讲，复杂性有助于记忆，只要不是复杂到让我们无法理解的程度。例如，我们更容易记住"忽必烈汗下诏，在上都修起富丽堂皇的逍遥宫"，而不是"忽必烈汗在上都建了一座漂亮的宫殿"，文字的发音、韵律也会影响记忆。总之，任何与众不同的东西都更容易被记住。

当一件事情与你息息相关时，你也会更容易记住它。所以如果有人告诉你一个陌生单词的意思，你可能会记住它。但如果他先问你，这个词是否适用于你？然后再解释它的意思，你会更容易记住它。例如，"corpulent"的意思是"胖"。你很胖吗？你可能会觉得这个问题很

> **肯尼迪总统遇刺时你在做什么？**
>
> "闪光灯记忆"是指情景记忆中的那些异常精彩的片段，它们会深深地刻在你的脑海中，我们总能记住一些对我们来说至关重要的时刻，如周边环境中发生了一些戏剧性事件或重大事件时，我们在做什么、在哪里。这就是为什么许多上了年纪的人都能准确地告诉你，当他们听说1963年肯尼迪总统遇刺，或者1968年马丁·路德·金遇刺时，他们在做什么。我们许多人还记得，"9·11恐怖袭击事件"发生时，我们在做什么。然而，并非所有心理学家都同意闪光灯记忆的理论，有些人认为，也许它们很难被忘记只是因为我们经常在大脑中重演它们。

讨厌，但你会记住这个单词。有的时候，制造一个"联想链"可以帮助记忆。

组织记忆

如果你把所有的东西——书、衣服、平底锅、DIY工具、床单——全部扔进一个大箱子里，那么每次找东西就会非常艰难。当你想找袜子的时候,你得翻遍锤子、手机充电器和洋葱等乱七八糟的东西。为了避免这些麻烦,我们会把东西归类整理好。

我们的记忆也是如此。如果记忆里有一大堆关于车牌号码、家庭假日、化学公式和统计数据等内容的各种信息搅成一锅粥,我们将很难回忆起任何我们想要的信息。所以大脑使用"图式"来组织我们所知道和记住的知识、信息。这种将图式应用于解释我们思维方式的理论是由英国心理学家弗雷德里克·巴特莱特(Frederic Bartlett)在1932年提出的,被人们广泛地应用。

你可以把厨房里用于餐具分隔收纳的抽屉看作餐具摆放的图式。有了这个抽屉,当你又有了新勺子,你就知道该把它放在哪里;如果你想找叉子,你也知道该去哪儿找。因此,如果可以将新输入的信息放入现有图式中,则更容易处理新信息。不符合图式的信息可能会被扭曲,很容易被忘记,或者会被记错。如果它足够重要,我们可能会为了它修改图式,但我们通常会抵制这种做法。这就好比有人给了你一个冰激凌勺,而你的餐具抽屉里没有放冰激凌勺的格子,这个时候你可能会把它归类为勺子,或者把它放在不同类别的格子里,或者你干脆决定不需要这个勺子,直接把它扔掉。

记忆可靠吗?

使用图式的强烈倾向会导致我们的记忆将一些信息扭曲。当我们第一次接触到一个信息时,记忆可能会将其扭曲,以适应我们的图式。随着我们图式的发展和变化,信息会被进一步扭曲,以更好地适应图式。这种扭曲的其中一种表现方式是偏见。

假设你看到两个人在街上打架,一个人是穿连帽衫的年轻人,另外一个人是上了年纪的妇女,妇女的手里拿着一把刀。之后你给别人讲这件事的时候,可能会说,是那个穿连帽衫的年轻人拿着刀,因为这更符合你脑中的刻板印象。

巴特莱特研究了图式对记忆可靠性的影响,他给一组学生讲了一个印第安民间故事《幽灵之战》,然后让他们在一年多的时间里多次回忆、复述这个故事。学生们都认为自己复述的故事是准确的,但实际上对故事做出了以下改动:

- 漏掉了故事中与他们无关的信息

- 根据自己对故事的理解,改动了故事的细节、情节顺序和重点
- 对那些看上去不合理的细节进行了合理化,给出了自己的解释
- 根据学生自身的文化背景改变了故事的内容和风格

图式也会影响我们对情境和地点的记忆。1981年,布鲁尔(Brewer)和特伦斯(Treyens)分别让30人在一个房间里单独待了35秒,他们被告知这是一位学者的办公室。随后,他们被要求回忆办公室里有哪些摆设。结果发现,大多数人成功回忆出了办公室里合理的摆设,比如桌子,但忘记了不太合理的物品,比如钳子;大家说出的内容大多是一般在办公室里都会出现的东西,例如书和笔等物品,而实际上这个办公室里并没有摆;还有一些出乎意料的奇异摆设,例如一个头骨,大家都清楚地记得。

被遗忘的信息

有时我们遗忘了长时记忆里的一些信息,是因为受

到了其他类似信息的干扰，无论类似信息是后来被输入还是早就存在，干扰都有可能发生。这种因信息混乱而造成的遗忘是随着信息量的增加而增加的，并不受时间流逝的影响，至少在相对较短的时间内是这样。目前尚不清楚被遗忘的信息是从长时记忆中被转移了，还是消失了，或者我们只是无法"访问"它。我们会发现，重新学习忘记的东西比学习全新的东西要快得多，所以可能遗忘的信息仍然被存储着，只是如果我们不重新建立一些新的关联，就无法访问它。

当我们回到第一次遇到或学习这些被遗忘信息的环境时，会更容易回忆起它们。例如，如果潜水员在水下记住了一串单词，那么他们在水下会比在陆地上更容易回忆起它们；当人们接受应急技术培训时，如果他们第一次是在模拟的突发情况下进行学习的，则更有可能在真实的突发情况下回忆起这些技术。

如何高效记忆

如果你真的想记住一些东西，比如复习备考时，你可以这样做：

- 重复阅读材料，因为复习（至少）三遍有助于长时记忆
- 把知识点用你自己的话详细描述、解释清楚，这样你才能理解
- 将其融入你知识库里的一种语境或图式，让它成为你知识库的一部分
- 创造一些能帮助你回忆的线索，比如编一个顺口溜或者给文字加上曲调

遗忘未必总是坏事

弗洛伊德认为，对许多人来说，焦虑和痛苦的根源是童年时期被压抑的不愉快的记忆。他认为，大脑有意地忘记或压抑创伤是一种保护机制。不过，这种遗忘并不是轻易就能做到的。为了治愈它引起的焦虑或抑郁，来访者需要心理治疗师的帮助来发现和处理被压抑的记忆。关于回忆过去的创伤到底是有益还是有害，人们观点不一。此外，一些"被挖掘出"的回忆也可能是来访者因心理治疗师的分析、暗示，或者根据自己的图式编造出来的。

负责学习运动技能的长时记忆是很容易恢复的

第21章 我可以问您几个问题吗?

当你了解一些推销背后的心理学原理,你就会发现,那些用于吸引你注意力的技巧很容易被识破。

很多人都想说服我们去做我们不想做的事情。他们的沟通技术越来越狡猾,因为他们想要尽可能地吸引我们的注意力,让我们任他们摆布。那么"说服"是如何起作用的呢?它会给我们带来危险吗?

你被推销过吗?

大多数人都被骚扰电话困扰过。打电话的人并不认识你,他只是在某个呼叫中心工作,对你知之甚少,但必须在你放下电话之前设法引起你的注意。如果你马上挂断,他们就输了。如果他们能让你开口,他们就有机会了。

这些人可能会以特别礼貌的方式开始,问你今天过得怎么样。如果你回答了这个问题,你就开始了对这通电话的"投入",开始与他们建立联系。一旦开始了聊天,再想要挂掉就比较困难了。

然后他们可能会编造一个故事:"我听说您家里有人出了一场小事故……"其实你完全不需要担心个人信息被泄露,也不要认为他们手里真的掌握了你的信息。他们对每个人都这么说,总会遇到有人真的发生了意外。他们说自己"知道"你一些事情的做法,能让你觉得这通电话真的与你有关，这样做同样也是为了让你别挂掉电话。如果你没有发生过事故，那么越快挂掉电话越好，因为你占用了他们向别人推销"事故解决方案"的时间。

他们可能还会说他们正在进行一项调查，请你花几分钟时间帮个忙。许多人出于想要帮助别人的心理，也有许多人喜欢回答关于他们自己的问题（这就是为什么我们会在杂志和网站上填写那些愚蠢的问卷）。只要你

一只脚踏进门

销售人员有一项古老的推销技术叫作"一只脚踏进门"，理论上与"麻烦您帮我做个问卷可以吗？"的方法相同。它的名字来源于20世纪五六十年代大家经常会遇到的上门推销员，他们挨家挨户兜售从百科全书到吸尘器等各类杂物。据说，当不感兴趣的房主试图把门"砰"的一声关上时，他们会用一只脚踏进房门，这只脚让他们有机会开始那些喋喋不休的推销套话，一旦他们开始，就代表有机会卖出去东西。

每次，你在街上停下来与"调研人员"或"慈善募捐者"交谈；与陌生的来电者通话；或者同意拿一张传单，都是在让别人把一只脚踏进你的房子。

同意回答几个问题,麻烦就来了。你一旦开始对这次交流有任何投入,就会想要寻求一个结果,因为大多数人都不想承认自己投入的时间毫无意义。

我是个善良的人

无论你对他们推销的产品多么不感兴趣,你已经向他们展示了(更重要的是向自己展示了)你是乐于助人的。我们更倾向于认为自己乐于助人,当你通过回答一些问题帮助这个人完成了他们的工作,你会自我感觉良好。由于你觉得自己很善良,并且和那个向你请求帮助、让你感觉良好的人建立了联系,你就不会想着退出互动,破坏这种良好的感觉。虽然程度非常轻微,但你能感觉到,你想要继续下去。

欲擒故纵

说服行为的成功与否很大程度上取决于我们对自己的看法。1976年,罗伯特·西奥迪尼(Robert Cialdini)和大卫·施罗德(David Schroeder)进行了一项关于慈善捐赠的研究。他们邀请了一些学生作为慈善募捐者挨家挨户地为美国癌症协会募捐。募捐的时候，一些学生直接要求人们捐款，另外一些学生补充道"即使捐一分钱也有帮助"。结果发现，加了这句话的学生们募集到了更多的钱。人们对这句话的反应是"我怎么可能只给一分钱"，所以他们捐了更多的钱，因为"吝啬到只给一分钱"不符合他们自认为善良慷慨的形象。募捐者通过让人们产生"我不能只捐一分钱"的想法，给人们植入了自己会捐钱的想法，然后问题就变成了"我应该捐多少钱"。

抓住人们的兴趣

请求帮忙的另一个技巧是激发人们的兴趣。1994年，桑托斯（Santos）、列维（Leve）和普拉卡尼斯（Pratkanis）让一名女性研究员站在街角向路人讨要零钱。当她只是说要零钱时，44%的人给了钱；当她要求要25美分时，64%的人给了钱；而当她要求17美分或37美分这样的奇怪数目时，给钱人的比例上升到75%。不同寻常的请求会让人们停下来思考而不是直接离开，停下来之后变得感兴趣，最后答应给钱。

帮个"小忙"

还有一种请求帮忙的技巧，是先请对方帮个大忙，当对方拒绝时，再请对方帮个小忙。把你真正想要的目的变成那个"小忙"，你会更容易成功。

假设有一天你想请一个朋友帮个忙，去学校接你的孩子。如果你一开始就跟她说这个周末你要外出，问她是否帮你照看孩子，她很可能会说不。这时候你再进一步提出请求，问她是否愿意帮忙去学校接孩子回家，她很可能就会答应了。在交涉中当一方做出让步时，另一方很可能也会做出让步作为回报。你可以利用人们的这种心理，会更容易得到你想要的结果。

众所周知，如果提出请求的方式让别人很容易拒绝，他们就会拒绝。例如，如果你问："估计你可能没时间让我搭你的车进城吧？"你会得到的答案是"对，我没时间"。但如果你把这个请求与另外一个并不在你计划之内的请求联系在一起，别人可能就会帮你一个"小忙"。如果你运气好，别人甚至还可能帮你一个"大忙"。你可以这样问："我估计你不想开车送我去伯明翰，但你能让我搭你的车去火车站吗？我自己坐火车进城。"别人可能会直接开车送你进城。

低价策略

对于销售策略来说，你可能会认为对客户加价的做法是绝对不可取的。但令人惊讶的是，它确实有效。汽车销售就用到了这种技巧。当你对一辆车表现出兴趣，销售人员告诉你价格之后，你决定买它。等到你付钱的时候，一系列的额外费用就会悄悄加进来，价格不断上涨，但你最终还是会买这辆车。廉价航空公司也会这样做，当你在网上选择了你想买的那一趟航班机票时，突然间各种各样的补充费用、附加服务开始出现，推高了价格。在这两种情况下，如果我们觉得自己做出了承诺，就会将购买行为进行到底。

禁果逆反心理

有时，说服人们不要做一件事会得到相反的效果。人们很难被说服不去做一件事，一旦某些东西或某些事情看起来是被禁止的或很危险,它对我们来说就更加有吸引力。我们不喜欢自己的行为受到限制,所以对任何看起来像是限制的东西都会产生"逆反"心理,越限制就越想做。

布拉德·布什曼(Brad Bushman)和安吉拉·斯塔克(Angela Stack)研究了警告标签和商品信息标签对人们看暴力电视节目和吃高脂肪食物的影响。人们对于警告标签有两种截然不同的反应:"毒果"理论认为,如果高脂肪食物被明确贴上对我们有害的标签,我们就会避免食用。而"禁果"理论认为,越是自己不应该拥有的东西,我们就越想拥有。研究人员调查了不加标签、加上信息标签(只描述事实)和加上警告标签(描述事实并指出风险)的影响。他们发现,警告标签对逆反程度高的人很有吸引力。比起只有信息标签的暴力节目和高脂肪食物,他们更愿意看有警告提示的暴力节目、吃贴有警告标签的高脂肪食物。信息标签相信你会做出自己的判断,而警告标签会告诉你该怎么做,很明显,我们讨厌被别人说教。

第22章

权力会腐化人心吗?

你可能会想象,假如自己成为统治者,一定会是一个善良的统治者,但你确定吗?

我们经常看到这样的情况：一些人在刚刚开始担任公职时似乎刚正不阿，但不久之后，他们就变得如堕落的暴君般可怕；原本体面正派的士兵奔赴战场，几周之内，他们就开始用汽油弹袭击无辜的村民，强奸年轻的女孩，把人送进毒气室，折磨伊拉克囚犯。就像美国国防部部长唐纳德·拉姆斯菲尔德（Donald Rumsfeld）所说的那样（指阿布格莱布监狱虐囚事件），他们只是桶中的几个烂苹果吗，还是说因为进了"桶"，苹果才会烂掉？

招募"囚犯"

菲尔·津巴多（Phil Zimbardo）在斯坦福大学进行了一项实验，研究被赋予"看守"或"囚犯"角色的人们的行为。在实验开始之前，他计划让实验持续两周的时间。通过实验，他想知道权威或服从的地位如何影响人们的行为。用他的话来说，如果你把好人放到一个坏的环境中，他们会怎么做？结果，在实验进行了仅仅6天之后，津巴多就决定缩短实验时间，因为被试者受到的影响已经到了令人忍无可忍的程度。

津巴多的实验是在1971年进行的，而在1961年，斯坦利·米尔格兰姆在人们服从性方面的研究得出了令人不安的结论。津巴多在媒体上刊登广告，招募志愿者参加一项关于监狱生活影响的心理实验。在70名志愿者中，他选择了24名被认为心智正常且不易留下心理创伤的候选人，随机分配给他们"看守"或"囚犯"的角色。志愿者都是来自美国、加拿大的男性学生。

实验内容——"囚犯"

实验以现实中的逮捕场景开始。一个周日的清晨，由实验人员扮演的"警察"来到"囚犯"的家中，搜查之后给他们戴上手铐，把他们塞进警车里带走。大部分情况下，这个场面引来了看热闹的邻居，大家都以为这一切是真的。整个过程尽可能逼真地模仿许多犯罪嫌疑人的真实经历，对于被试者们来说，这是一个压力很大的开始。

这些"囚犯"被带到一个真正的警察局，由戴着墨镜的真警察对他们进行登记，然后采集指纹、拍照，他们被蒙上眼睛，关进一个"牢房"里。这个"监狱"实际上是斯坦福大学校园内心理学系的一条改造过的走廊。走廊的门被换成了带钢条的门，"放风场地"则是封闭的

戴着墨镜的真警察

走廊。整个区域没有窗户,没有自然光,也没有时钟。"囚犯"需要上厕所时,由"看守"陪同进出厕所。"监狱"里还有一个面积为60平方厘米的柜子,被称为"洞",刚刚够一个人在里面勉强站起来,用来关禁闭。每一名"囚犯"被带进来时,都会被告知其罪行的严重性,然后脱掉衣服进行搜身并喷洒除虱喷雾。这听起来很野蛮,但它是从得克萨斯州的一所监狱复制来的一套程序。

每个"囚犯"都穿着罩衫,正反两面都印有他的编号,罩衫里面不允许穿内衣。这部分做法并不是所有真实监狱的标准程序,而是为了制造出与真实监狱相似的羞辱感、加强去人性化程度。"囚犯"的一只脚踝上一直戴着脚镣。与现实中的监狱不同的是，每个人都必须戴上由剪短的长筒袜做成的帽子，而不是剃掉头发。"看守"们必须用编号称呼"囚犯"，不能用名字，"囚犯"之间彼此称呼也是如此。"囚犯"们3人一间，房间里面除了床铺之外没有任何其他摆设。

实验内容——"看守"

"看守"们没有接受任何特殊训练，他们被告知可以用任何合理的方法来维持监狱的秩序，实验者也提醒了他们"看守"职责的重要性以及处境的危险性。"看守"们身着统一的卡其布制服，戴着墨镜，脖子上挂着哨子，还从警察那里借来了警棍。9名"看守"轮班工作，每次3人同时值班，看管分散在3个牢房中的9名"囚犯"，另外还有几名志愿者随时待命。

实验内容——监狱生活

实验开始的第一天晚上凌晨2点半，"囚犯"们被哨声叫起来，离开牢房去排队"点名"。此后，不管是

白天还是夜晚，随时都有可能排队点名，这是一种"看守"对"囚犯"宣示权威的方式。如果"囚犯"不服从命令、不遵守规则，"看守"可以惩罚他们。

有一种常见的惩罚是强迫囚犯做俯卧撑。津巴多指出，纳粹集中营的看守也曾命令囚犯们这么做。津巴多实验中的一名"看守"还在"囚犯"做俯卧撑时将脚踩在其背上，或者让其他"囚犯"坐或踩在受惩罚"囚犯"的背上。

叛乱

第一天，"囚犯"们服从了命令。第二天，他们就开始造反了：他们摘下帽子，撕掉罩衫上的号码，把自己关在房间里，嘲笑"看守"。"看守"们要求增援，并用灭火器（灭火器是消防用具，实验者并没有告知被试者可以作为武器来使用）喷向"囚犯"们，试图让他们离开栏杆，老实待着。"看守"们还打开了牢房的门，把"囚犯"们的衣服脱光，把主犯强行带走关禁闭并对其他"囚犯"也进行了反复侵扰。

特权与惩罚

"看守"们意识到了问题的存在，他们认为9个"警卫"盯着9个"囚犯"的方法效果不佳，于是经过讨论决定把重点放在心理战术的使用，而不是身体的控制。他们将3名在叛乱中表现最好、参与最少的"囚犯"转移到了一个"特权牢房"，把他们自己的衣服交还给他们，并允许他们在其他"囚犯"面前吃"特批"的食物（其他"囚犯"不允许吃的食物）。之后，再将一些"坏囚犯"和"好囚犯"无缘无故地交换牢房，而且不对此做出任何解释。这样做的目的是破坏"囚犯"之间的团结，也就是所谓的"分而治之"。这一招果然奏效了："囚犯"们开始互相不信任，怀疑交换到特权牢房的"坏囚犯"是"看守"的线人。据实验者请来的前"囚犯"顾问说，当时的美国监狱也采用了类似的心理战术，经常利用种族矛盾制造犯人之间的隔阂。

对叛乱的处理破坏了"囚犯"之间的团结,却使"看守"们更加团结一致,他们开始将"囚犯"视为对他们自身的威胁,更加严格地看管"囚犯",例如,限制他们上厕所的次数且不允许他们倒便盆,还限制了香烟的供给。

崩溃

实验进行了 36 小时之后,一名"囚犯"开始崩溃。他开始失去理智,无法控制地哭泣,而且变得很愤怒。"囚犯顾问"批评他太过软弱并告诉他真实的囚犯会受到什么样的虐待。他还给了该"囚犯"一个机会,告诉他只要愿意做"看守"的线人,就会对他宽大处理。过了一段时间,实验者才意识到这个人确实处于痛苦之中,最后将他从实验中移除。实验者后来惊讶地发现,被试者在监狱里的感受竟然是真实的,他们开始还以为该"囚犯"只是在试图欺骗他们,并不是感受到了真正的痛苦。

实验者对"监狱管理者"这个角色入戏太深,当大规模越狱的谣言开始在监狱里散播时,实验者没有去注意观察被试者的行为模式,而是咨询了监狱安全方面的专家并制定了一个计划来防止"囚犯"越狱。津巴多甚至咨询了当地警方，问他们是否可以在越狱计划的当晚将"囚犯"转移到真正的牢房，他的请求被拒绝了。他表现得非常愤怒，用铁链把"囚犯"锁在一起，还用袋子套住他们的头，把他们转移到另一个地方，然后自己坐在空荡荡的牢房里，等着质问那些想要越狱的"囚犯"。一个路过的心理学家同行看到他，询问他实验的情况，问他实验的自变量是什么。津巴多很生气，说自己有更重要的事情要处理。很久以后他才意识到，这个实验也影响了他。

事实证明，"越狱计划"只是一个谣言。"看守"们发现自己浪费了时间之后恼羞成怒，开始骚扰和惩罚"囚犯"以示报复（然而"囚犯"们根本就没有想要逃跑）。他们让"囚犯"徒手清洁马桶，强迫他们模拟鸡奸等羞辱性的行为，以及做剧烈的运动。

全体入戏

当被试者的父母来探望参加实验的儿子时，他们会当真地抱怨孩子在"监狱"受到的待遇，但同时也对"权威人物"表现出了尊重。尽管他们知道这只是一个实验，自己并没有参与到实验中去，但他们在不知不觉中扮演了情境赋予他们的角色。

游戏结束

当津巴多为有资格获得假释的"囚犯"举行"听证会"时,发生了两件令人深思的事情。让他感到恐怖的是,那位曾经在16年中不断申请假释却每一次都被拒绝的前"囚犯顾问",在扮演假释委员会主席时,表现得就像当年那个拒绝自己假释请求的人一样。当被问及是否愿意用他们的实验酬劳换取假释时,大多数"囚犯"都说愿意,但在他们的"假释请求"被审批期间,他们会顺从地回到牢房等待。他们中的任何一个人都可以选择立即退出实验(代价仅仅是失去他们的实验酬劳而已),但没有一个人这么做,他们表现得像真正的囚犯,根本没想过要退出。

在50名前来参观实验的人中,只有一名女性心理

> "我当时真的非常生气,我的'犯人'要越狱,我'下属'的安全以及监狱的稳定都岌岌可危,而我却要应付这个多愁善感、自由主义、满脑子学问、只关心自变量的家伙!很久之后我才意识到,当时我在监狱实验中入戏有多深——我的思维方式更像是一个监狱管理员,而不是一位心理学家。"
>
> 菲尔·津巴多,实验心理学家

学家对这些年轻男性被试者所受到的待遇表示震惊。津巴多意识到她是对的，于是，原本计划进行14天的实验，在开始6天之后宣告结束。后来津巴多说，他们本应该在第二次发生"囚犯"崩溃的事件后就立即停止实验，但是就连实验者自己也深深陷入了"监狱管理员"的角色，这简直让人不寒而栗。

苹果是因为进了桶才烂掉的吗？

实验结束后，津巴多总结出了3种类型的"看守"：

- "严厉但公平"的"看守"，他们按照规定对待"囚犯"
- "好看守"，他们会给"囚犯"一些小恩小惠，从不惩罚他们
- "坏看守"，他们有报复心、喜欢施虐，在羞辱和惩罚形式上花样百出。他们似乎很享受对"囚犯"的控制并抓住一切机会加以利用。隐藏的摄像头显示，他们会在晚上无缘无故地虐待"囚犯"，因为他们认为自己的行为不会被发现

> "我没有把它当成一个实验或者模拟场景，它就是一个监狱，只不过是由心理学家管理，而不是由国家管理。我慢慢进入了'囚犯'的角色，之前那个决定进监狱的'我'似乎离我很遥远。到了最后，我不再是原来的我，我是'416号囚犯'，我没有名字，只有一个编号。"
>
> *斯坦福监狱实验被试者，"416号囚犯"*

津巴多在"好看守"和"坏看守"的档案资料中没有发现任何代表性的特征。"囚犯"也有几种类型：有些人很顺从，为了避免麻烦会立即服从命令；有些人则会奋起反抗。从"囚犯"的档案中可以看出有代表性的区别，那些平时习惯了在生活中遵守纪律的人比其他人更能够承受作为"囚犯"的压力，坚持的时间更长。

阿布格莱布监狱的预兆

津巴多注意到，他的实验和美国在伊拉克的阿布格莱布军事监狱的情况有相似之处，其中一些发现令人非常吃惊。

在阿布格莱布监狱，囚犯也被脱光了衣服，头上顶着袋子站着。在斯坦福监狱实验和阿布格莱布监狱中都使用了模拟性行为的羞辱策略。阿布格莱布监狱的虐待行为被归咎于"几个烂苹果",但津巴多反对了这个观点,他认为并不是"烂苹果"的错,而可能是"桶"让苹果烂掉的。人们所处的环境可能导致人们的恶行,也可能纵容人们做坏事。

多年后,津巴多作为专家证人在阿布格莱布监狱的审判中发表了讲话。当然,阿布格莱布监狱的看守们当时承受的压力更大一些——他们处于一种冲突状态,因为他们所面对的囚犯想要杀死他们。而斯坦福大学监狱实验中的"看守"们没有这样的借口来为他们的恶行辩护。当监狱实验提前停止时,"囚犯"们都感到很高兴,这并不令人意外,然而许多"看守"竟然为此感到失望。即使在"好看守"中,也没有人反对过"囚犯"受到的待遇。在来参观的人当中,除了那个女心理学家之外,没有一个人表现出对囚犯的关切。

邪恶的力量

这项实验如果放在今天是不会被允许的,因为它有给"囚犯"和"看守"带来严重心理创伤的风险。事实证明确实如此,对实验者来说,他们太沉迷于实验本身,

> "如果邪恶的人都待在某个角落暗暗地伺机作恶，只要把他们抓出来消灭掉就天下太平该多好。但实际上，每个人的内心都是善恶参半。"
>
> ———
>
> 亚历山大·索尔仁尼琴（Alexander Solzhenitsyn），《古拉格群岛》

甚至忽视了它的虚构性。

这个实验看起来似乎与米尔格兰姆的实验相似，但其中也有一些显著且令人不安的差异。米尔格兰姆的实验测试了人们是否会为了服从而对他人造成伤害（当有一个权威人物为我们行为的结果负责时，我们是否会愿意参与暴行）。

为了服从命令，人们甚至愿意对无辜的人施以近乎致命的电击，这已经够糟糕的了，但斯坦福监狱实验的结论更令人不安。津巴多用"邪恶"这个词来形容人们会对他人做出的伤害，他写的那本关于这个实验的书名也非常直接——《路西法效应：好人是如何变成恶魔的》。这个实验揭示了人性中黑暗的一面：当人们被赋予了权力和地位，我们会毫无理由地伤害他人，甚至会想出各种花样的方式来支配、伤害他人。

匿名的伤害

津巴多的结论之一是,对一个人去个性化和隐藏身份会使病态的顺从或卑鄙残忍的行为更容易、更有可能发生。因为"当人们感到自己是匿名的、没有人知道他们的真实身份(因此也就没有人会在意)时,他们更容易被诱导做出反社会的行为"。

另外一种现象也是同样的道理:我们在社交媒体上经常能看到侮辱他人的网络暴力,因为在网上,人们可以隐藏在匿名用户名的背后,不必对自己羞辱别人的行为负责。

> "任何人做过的任何事情,无论多么可怕,在适当的情况下,对我们每一个人来说都是有可能发生的。但这个理论不是恶行的借口,它只是把恶行的责任让普通的执行者来分担,而不是宣称它完全是恶人、暴君的责任,与我们普通人无关。我们应该从斯坦福监狱实验中吸取的主要教训是,特殊的环境可能会导致我们做出自己之前认为不会、也不可能做出的行为。"
>
> 菲尔·津巴多

去个性化

人们在群体中行动时自我意识的丧失被称为"去个

性化"。反光的墨镜和制服掩盖了"看守"们的个人身份,他们受到去个性化的保护。相反,"囚犯"们却因为他们的新身份而变得脆弱:被脱光衣服、穿上制服,头发要么被剃掉,要么用帽子遮起来,他们不再是"看守"们会共情的人。在这种情况下,人们很容易被说服,认为自己不同于常人、没有价值、不值得被善待。在监狱实验中,美国大学生持续了36个小时就出现了这种情况,那么在战争或其他有压力的情境之下又会发生什么呢?

津巴多曾说过,在这一类环境中,"过去"和"现在"都消失了,人们只关心当下那一瞬间的满足,做事不考虑后果或原因,而且没有人能保证如果这种情况再来一次,他们就不会这样做。这就是它如此可怕的原因。

第23章

你为什么还不开始?

你在读这本书的时候,手头是否有一些应该先去完成的任务?

我们都有拖延的问题。当我们手头有一项任务时，总是不能或不愿意安下心来好好完成。这个任务甚至不一定是一个无聊或者不愉快的任务，但我们看起来似乎就是无法停止浪费时间，不能直截了当地投入这项重要或紧急的工作或任务中去。那么，我们为什么总是拖延，给自己的生活增加困难呢？

有时我们拖延到最后，几乎没有足够的时间来完成任务，然后我们会在自己创造的压力下想办法尽可能更好地完成工作。而有时候，我们是真的需要休息，让大脑在潜意识中思考问题。

是完美主义作祟吗？

一个常见的误解是，拖延是完美主义的产物——我们推迟开始一件事，是因为我们担心自己做不好。实际上，我们是在推迟或者通过刻意破坏任务来避免失望或沮丧。对你来说，"因为没有尽力所以才没做好"比"已经尽力了但是还是做不好"的自我形象更容易接受。当然了，破坏任务也意味着破坏了成功的可能性。但研究表明，事实上这与完美主义没有关系，就算有的话，完

> ## 替代活动
>
> "替代活动"是指当你打算做一件事情的时候,却做了其他的事情。动物和人类一样,当它们无法在两个动作之间做出选择,或者当它们强烈想要执行的动作被阻止时,它们就会进行替代活动。有些鸟在遇到竞争者时会开始啄草:因为无法决定是战斗还是逃跑,在这种情况下它们会做出一些完全没有意义的事情。
>
> 有时候我们在试图做出决定时会挠头,这也是一种替代活动。有些人在压力之下或者纠结于一个决定和问题时会咀嚼头发、用手拨弄一缕头发、摆弄笔,这些都属于替代活动。

美主义者也比非完美主义者更不会拖延。

相反,拖延与责任心高度相关。而且奇怪的是,它只与"夜猫子"高度相关,与"早起鸟"却并不高度相关。拖延者对未来的关注较少,甚至对当下也有

> "拖延就是自愿推迟原本打算采取的行动,尽管我们能预见到这样做会使情况变得更糟。"
>
> 皮尔斯·斯蒂尔(Piers Steel),卡尔加里大学

> **早点睡觉**
>
> "早睡早起使人健康、富有且智慧。"
>
> 这句古老的格言得到了研究的证实,研究表明早睡早起的人(早起鸟)更不容易拖延。他们完成了更多的工作,所以很可能更富有,并且在时间规划方面肯定更明智。他们还可能心理更健康,因为拖延者总体上比非拖延者承受着更高的压力和焦虑。

一种比较听天由命、心无所往的心态。他们认为似乎努力也没什么意义,反正无论如何都不会有好的结果。

为什么拖延让我们感觉良好?

上文的一切听起来相当悲观,但是拖延也给我们带来了一些好的感受来抵消长期的损失。它能让我们立即感到振奋——我们感觉很好是因为我们不用马上去做一件我们不想做的事。大多数人的意志力都不是很坚定,比起延迟满足,我们更喜欢即时满足,即便即时满足的重要性更低一些,这就是"二鸟在林不如一鸟在手"的道理。

如果你现在应该去洗车、写报告或者把购物袋里的东西拿出来放好,你会很容易把这项任务推迟,然后去看电视或上网。你可能会向自己保证,你将在一个小时内或者明天之内完成这项无聊的任务。这样你会马上心情更好,因为你在做你更喜欢的事情,而且已经规划好了完成任务的时间。你想象着这个任务在未来被完成,你认为你一定会在自己设定的时间之内完成它。然而,我们实际上非常不擅长心理学家所说的"情感性预测"(想象我们在未来某个时刻的感受)。所以,如果你把写报告的计划推迟到明天,你以为到了明天,当你真的要开始做这项任务时,你就会对这个计划感到开心。可悲的是,你并不会觉得开心。

只是为了寻求刺激吗?

有些人虽然拖延,但总是能赶在最后一刻按时完成任务。这是否是因为,在临近最后期限的压力之下工作,肾上腺素激增给他们带来了快感?伊利诺伊州芝加哥市德保罗大学的约瑟夫·法拉利博士(Dr Joseph Ferrari)发现拖延者有两种类型:一种人推迟任务是因为他们不想做（回避行为），另一种人推迟任务是因为他们认为自己在压力下能够更好地完成工作，所以他们会等到最后一刻不得不做时才开始。他的结论是，第二类人是在寻求压力带来的刺激。但后来的研究表明，这并不是拖延的真正原因，它只是一种对拖延的合理化解释。

加拿大渥太华卡尔顿大学的凯尔·辛普森（Kyle

拖延的反面

对于拖延者来说，开始做一项任务非常困难，而且当他们终于开始时，他们常常心不在焉、三心二意。与之相反的体验是"心流"或"全心投入"。出生于匈牙利的心理学家米哈里·契克森米哈赖（Mihaly Csikszentmihalyi）将"心流"定义为"全身心地投入一项活动，进入忘我的状态，感觉时间过得飞快。每个行为、动作和思想都自然而然地跟随着前一个动作，就像演奏爵士乐一样。你的整个生命都在参与其中，最大限度地发挥你的技能"。

Simpson)的研究发现,寻求刺激与拖延程度并不相关。事实是人们似乎会告诉自己,他们拖延是因为他们在压力下能够更好地工作,享受匆忙的感觉。但实际上,这只是自己缺乏行动力的一种借口。当我们在最后一分钟才完成一项任务时,很少有人会庆幸自己这么晚才开始。很多人会对自己拖延的做法感到后悔,认为如果多给他们一些时间,他们可以做得更好,或者他们其实对这项任务很感兴趣,很遗憾自己没有充足的时间好好享受它。

拖延的倾向被发现与前额皮质受损或活跃程度低有关。大脑的这个区域在做计划、控制冲动和过滤来自大脑其他部分的干扰刺激方面起着重要作用。

我们大多数人的前额皮质并没有受损或不活跃,所以我们不能用它作为拖延的借口。许多人都是"短期主义者",他们会推迟一项具有挑战性、枯燥或漫长的任务,而是去做一些立即有回报的事情,即便它的长期价值很低或者几乎没有长期价值。大多数人拖延只是因为我们懒惰、缺乏意志力、没有动力。这一点是很难承认的,因为如果我们承认了,那就意味着我们需要去解决这些自身的问题,但我们真的懒得去解决。

一本从未开始的书

据说有一本书叫作《各个时代的拖延:一本权威的拖延历史书》,它是保罗·林根巴赫(Paul Ringenbach)在1971年写的,而实际上这本书从未出版过,它甚至根本就没有开始写作过。整个项目就是个笑话:一本关于拖延症的书,结果作者都懒得写,但它最终竟然出现在了一些论文的参考书目中!

第24章 葡萄一定很酸吗？

大脑会使用技巧来让我们喜欢自己得到的东西,尽管这个东西并不是我们真正想要的。

想象一下这个场景：你正在观看一场重大的国际体育赛事，为你们的国家队加油。这时对方球队的一名球员做出了一个非常漂亮的动作，于是你为他鼓掌。但是，你难道不应该想让他输吗？他的表现这么优秀，你怎么能想让他输呢？你总是嘲笑那些经常到贵得离谱的餐厅吃饭的人矫情做作，可是当有人提议请你去最近的米其林餐厅吃饭时，即便有悖于你的原则，你也愿意接受邀请，你会对自己说"就去尝试一下，就这一次"……如果你有过类似的经历，你就能理解利昂·费斯廷格在20世纪50年代提出的"认知失调"理论。

当你渴望一辆耗油量大的汽车时，是否会和你的环保理念相冲突？你会决定不买这辆车，还是买了车之后用另外的方式来安抚自己的环保之心

"无聊任务"实验

1959年,利昂·费斯廷格和詹姆斯·卡尔史密斯(James Carlsmith)进行了一项实验,研究人们为了调和他们的行为和信念之间的冲突会做出什么样的努力。他们招募了一些学生来执行一项任务并且告诉他们这是"绩效测评"心理学实验的一部分。学生们被告知,有两组人参与实验,其中一组被事先介绍了任务的具体预期。但事实并非如此——真正的实验将在任务完成后才正式开始。

实验者给学生们的任务都很枯燥:第一个任务需要他们把一些线轴从一个盒子里拿进拿出,任务时间为半个小时。第二个任务需要他们在一块木板上移动一些木栓,任务时间也是半个小时。完成任务之后,实验者感谢了每个学生并告诉他们很多人都觉得这些任务很有趣。

> "如果一个人被诱使做出或者说出与他个人观点相反的事情,他就会倾向于改变自己的观点,让它与自己的言行一致。"
>
> 利昂·费斯廷格,詹姆斯·卡尔史密斯,加利福尼亚州斯坦福大学

之后，实验者表现出了尴尬、慌乱的神情，他告诉学生们，向下一批学生做任务简介的人没有来，并问他们是否愿意向新一组学生做任务简介。他们所要做的就是告诉下一组学生这个任务非常有趣。作为回报，有的学生得到了1美元的报酬，有的学生得到了20美元的报酬。最后，实验者再次表示，很多人觉得这个任务很有趣，他们希望学生们享受实验过程。

真的有那么无聊吗？

接下来是关于实验感受的访谈，面试官问的其中一个问题是这个任务的趣味性如何。记住，这些任务本身非常非常无聊，但是实验者和学生自己都说它很有趣。然而真正有趣的是，那些撒谎之后得到1美元报酬的学生，比那些得到20美元报酬的学生认为任务更有趣。

> "人类不是理性的动物，而是会合理化自身行为的动物。"
>
> 利昂·费斯廷格

费斯廷格和卡尔史密斯用认知失调来解释这个结果。那些拿到20美元的学生觉得他们因为说谎而得到了足够的报酬，但是那些只得到了1美元的学生则必须是：要么承认自己为了这么一点钱就撒谎，要么改变自己内心对任务的评价。大多数人选择的做法是承认他们内心对任务的看法是错误的——也许任务也没那么无聊。从本质上说，他们需要一种挽回自己尊严的做法，于是他们选择改变自己最初的观点。

加入俱乐部

众所周知，加入一个俱乐部越困难，会员资格就越珍贵。尽管这家俱乐部可能相当普通，并没有比其他俱乐部的设施更好，但为了合理化我们为加入俱乐部所做出的努力，我们会告诉自己，这家俱乐部确实很棒。1956年，艾略特·阿伦森（Elliot Aronson）和贾德森·米尔斯（Judson Mills）曾做过一个实验，要求被试者加入一个关于性话题的讨论小组，但是在加入之前需要执行一项羞辱性的任务，或者一项略显尴尬的任务。加入小组之后被试者发现，讨论的话题实际上非常无聊（讨论动物的性行为），但那些为了加入小组花了更多精力的被试者执行任务时很享受讨论过程。他们需要说服自己，为了加入小组所做出的努力是值得的。

请接受我的退会请求

据报道,格劳乔·马克斯(Groucho Marx)给比弗利山庄的修士俱乐部(Friar's Club)发过一封电报,上面写道:"请接受我的退会请求。任何允许我这种人成为会员的俱乐部,我都不想加入。"这个笑话与认知失调有关:格劳乔想加入一个高级俱乐部,但自我评价又很低。如果一个俱乐部接受了他的会员申请,那就说明这个俱乐部不够高级,所以他不想加入。

喝啤酒,吃甜甜圈

在日常生活中,很少有人需要对一项任务的无聊程度撒谎(除非你的工作是招聘面试),但生活中仍然存在很多认知失调。例如,在决定减肥或健康饮食之后,我们仍然去超市买甜甜圈;在决定少喝点酒之后,我们还是会继续买酒。这些就是我们的信念和行为不协调的表现，我们还可能会表现出矛盾的行为。例如，在购买甜甜圈的同时购买减肥用的划船机。

有趣的玩具和垃圾玩具

显然，不只是成年人需要对自己的行为进行合理化解释。卡尔史密斯在1963年参与了另一项研究，他和艾略特·阿伦森一起研究幼儿的认知失调。他们准备了一个房间，里面有很多玩具，其中一个玩具很特殊，每次安排一个孩子进入实验房间。孩子们被告知他们可以玩其他任何玩具，但是如果他们玩了特殊玩具，他们就会受到惩罚。有一半的孩子受到严厉惩罚的威胁，另一半受到轻微惩罚的威胁。最后，没有一个孩子玩那个特殊的玩具。

接下来，所有的禁令都被解除了，孩子们可以玩任何玩具。结果发现，那些受到轻微惩罚威胁的孩子比其他孩子玩特殊玩具的可能性更小，并且他们认为特殊玩具不好玩。卡尔史密斯和阿伦森得出的结论是，孩子们必须为他们在轻微惩罚威胁之下的自我监督行为找到合理的解释，所以只能说服自己认为这个玩具反正也不是很好玩。

在2012年的另一项研究中，4岁的儿童被置于相同的实验情境中，但实验者在其中一些儿童的玩耍过程中播放了古典音乐。结果发现，那些听过音乐的人并没有贬低这个特殊玩具。似乎音乐和其他一些外部刺激能够阻止大脑追求协调的策略。

反正我也不想要它

许多看上去微不足道的行为，其背后的原因都是认知失调。例如，在网上拍卖中，当别人的出价比你更高，拍到了你想要的物品时，你就会开始为自己的处境找借口，觉得自己省钱了也挺开心，或者说服自己你并不是真的那么想要它。这就是认知失调的心理过程在起作用，为了消除不和谐的失望想法，我们会立即贬低已经失去的东西。

当我们必须在两样东西或两个行动中做出选择时，即便很难抉择，我们通常都会在做出选择之后，更加确信自己选对了。大脑会强化我们做出的选择，以避免不和谐。

不仅人类会对自身行为进行合理化。在2007年的一项研究中，被试者是学龄前儿童和卷尾猴。结果发现，

伊索寓言中关于狐狸和葡萄的故事就是一个典型的认知失调的例子。吃不到葡萄的狐狸说:"葡萄一定很酸。"

两组被试者的行为方式相同。被试者需要在两样东西之间进行选择，然后实验者把淘汰掉的选择加上一个具有相同吸引力的新选择，再要求被试者从中二选一，儿童和卷尾猴都选择了新的东西。当一样东西已经被拒绝过一次之后，说明它显然存在问题，所以再次出现时又有什么理由被接受呢？

从未来临的世界末日

如果你不属于任何相信世界末日即将来临的宗教派别，那你应该很喜欢嘲笑那些时不时出现的末日预言。费斯廷格和几位同事决定研究当这些五花八门的末日预言不断涌现但并没有发生时，对邪教成员的影响。他们研究了一群叫作"追寻者"的人，这些人相信世界会在1954年12月21日的早晨被一场大洪水毁灭。不用说，事实显然并非如此。这个组织是由一个叫玛丽安·基奇（Marian Keech），真名为多萝西·马丁（Dorothy Martin）的人领导的，她声称收到了来自一个叫克拉里昂（Clarion）星球的信息，她和信徒们都认为在洪水来临之前会有宇宙飞船来把他们接走。

信徒们为自己虔诚的信仰付出了很多，他们从自己的家里搬出来，处理掉财产，离开了自己的工作和朋友。在"出发"的前一天，他们摘下了身上的金属物品，等待一个外星人在午夜到达，带他们去宇宙飞船。然而午夜过去了，外星人并没有来。这种失望对他们有什么影响呢？

认知失调的胜利

凌晨4点，信徒们都在震惊中沉默着，这时基奇说，她收到了外星人发来的信息，说上帝决定拯救地球，是他们这个组织让人类避免了这场灾难。第二天，这个此前不愿抛头露面的组织给媒体打电话，讲述了他们如何阻止了这场灾难性的洪水。芝加哥当局不为所动并威胁要将基奇逮捕并送进精神病院。

正如费斯廷格所预言的那样，世界末日没有发生这一事实非但没有摧毁邪教，反而使他们加大了传教力度。信徒们没有意识到他们的信仰是错误的，而是调整了自己对真相的解读，使之符合他们的信念——世界本来即将毁灭，是他们这些信徒虔诚的善行使人类避免了这场灾难。信徒们看到自己的组织做了一件如此意义重大的事情,于是对自己的信仰更加虔诚并继续招募新成员。认知失调胜利了!

第25章 微笑会让人快乐吗？

笑一笑心情会更好,这个说法是真的吗?

人们常说,如果你笑一笑,心情会更好。这句话听起来似乎有点愚蠢:我们开心的时候自然会笑,怎么会因为笑而开心呢?这种说法真的很愚蠢吗?心理学家认为,这句话可能蕴含着一些核心原理。

我们如何知道自己是什么样的人?

我们往往会通过观察别人的言行,来判断他们是什么样的人。如果我们看到有人在街上停下来给乞丐钱,陪年长的邻居聊天,或者捡起陌生人掉的东西还给他们,我们就会认为他们是善良的、体贴的或者慷慨的。相反,如果我们看到一个人在人群中横冲直撞,辱骂吵闹的孩子,或者在老人拉着他们聊天时显得不耐烦,我们就会对他们产生负面的看法。

既然我们通过观察他人的言行来看待他人,也许我们也会以同样的方式看待自己。这被称为"自我知觉"——我们对自己的看法是由我们的行为决定的。我们可以观察自己,

> "有时你的快乐是微笑的源泉,但有时微笑也可以是快乐的源泉。"
>
> 释一行禅师(Thich Nhat Hanh)

根据观察结果得出关于自己性格、情绪和态度的结论。这听起来很可笑：竟然是我们的行为方式决定了我们是什么样的人，难道不应该是反过来，人格决定行为吗？

1972年，纽约康奈尔大学的社会心理学家达里尔·贝姆（Daryl J. Bem）提出以自我知觉理论来代替认知失调理论。虽然也有批评者，但目前看来，这两种理论都有很多值得称赞的地方，对不同时期的人们带来了影响。自我知觉可以帮助人们形成自我评价，当我们的行为方式与自我评价相矛盾时，就会产生认知失调。在我们的某个观点还没有根深蒂固时，自我知觉似乎能够动摇自我评价。

我就是这样的人

如果我们观察自己的行为，然后认为我们就是这种人，那么从理论上讲，改变自身不满意的特质应该是很容易的。但自我知觉会让事情变得更加困难，因为我们倾向于认为行为比它们本身更加根深蒂固；行为不仅是行为，还可以体现性格特征。

如果你一整个星期都躺在沙发上看电视、打游戏，你可能会想"我就是个懒人"。如果你不喜欢这种自我评价,你可能会想"我必须改变,不能当个懒人"。但这对你来说将是一个相当大的挑战,因为这是一个有无限可能的个性变化的目标。如果你这样想可能会更有帮助:"我在沙发上躺了一个星期了,下周我不想再偷懒了",因为这个目标只与一周的活动相关,与前面那个

做什么事,成什么人

法国存在主义哲学家让-保罗·萨特(Jean-Paul Sartre)认为,无论我们是一个什么样的人,都是我们自己选择的结果。一个人是由他们的所作所为来定义的,并且只有这一种定义方式。如果一个人表现出懦弱的行为,那他就是一个懦夫;如果不再懦弱而是勇敢地行动,那他就不再是一个懦夫,而是一个勇敢的人。我们选择行事方式的倾向是建立在过去的经验或遗传基因之上的,但没有任何因素可以迫使我们采取或继续这种行事方式。这个理论既让人感觉到无限的可能性,又让人觉得压力很大——因为它也表明,除了你自己之外,没有人可以为你的现状负责。

似乎需要你重塑个性的目标比起来，比较容易接受。

你会改变自己的观点吗？

几项研究表明，如果让学生写一篇与自己观点相反的文章，他们往往会调整自己的观点，使之与该论点更加一致。

1970年，达里尔·贝姆和他的同事基思·麦康奈尔（Keith McConnell）先调查了学生对"拥有自己课程的掌控权"的看法。然后，实验者让学生们写一篇文章，论述与自己的看法相反的论点。随后，贝姆和麦康奈尔询问了学生们在实验开始前的看法。结果发现，此时的观点与他们在之前调查中的反馈并不一致：他们调整了自己的观点，却声称自己一直都是这么想的。

对广告商和其他试图说服我们的人来说，这是个好消息。他们只需要关注一些我们没有真正思考过或者没有强烈观点的事情，然后让我们去思考、说或做一些促使我们持有该观点的事情，我们就会认为自己一直都是这么想的。

回到"无聊任务"实验

达里尔·贝姆改编了费斯廷格的实验。在贝姆的实验中,被试者们听了一段录音,里面是一个男人对这项无聊任务充满热情的讲话。

其中一组被试者被告知,这名男子获得了20美元的报酬,另一组被试者被告知他获得了1美元的报酬。当被询问时,被试者认为得到1美元报酬的人比得到20美元报酬的人更享受这项任务。这和费斯廷格从被试者身上得到的结果是一样的——那些只得到1美元报酬的人比那些得到20美元报酬的人在回忆起任务时觉得更有趣。贝姆的结论是,在费斯廷格的实验中,被试者的反馈和自己实验中的反馈是一样的,不同之处是,在自己的实验中,被试者是根据自己的行为而不是别人的行为来做出推断。他认为,两者的过程是一样的,不管主体是他人还是我们自己,我们都是先观察行为,然后推断出与态度有关的特质。

科学的微笑

有一种官方认可的微笑被称为"杜乡的微笑"（Duchenne smile），它是用颧骨肌使嘴巴两侧抬高，用眼轮匝肌使眼睛眯起来。这种微笑被观察者认为是最真诚的。

早期的理论

19世纪，早在贝姆的实验之前，威廉·詹姆斯和卡尔·兰格（Carl Lange）就提出了一个理论，这个理论现在被人们毫无想象力地称为"詹姆斯-兰格理论"

（James-Lange theory）。他们提出，每一种刺激（我们感觉到、注意到或者体验到的东西）都会对身体产生生理影响。这种生理反应经过大脑的处理，创造出一种情绪。这种生理反应是一种条件反射。例如，如果你看到一只

不给糖就捣蛋

1979年进行的一项研究表明，如果我们能看到自己的样子，就更有可能以我们认可的方式行事。万圣节期间，研究人员隐藏在暗处观察孩子们在社区里挨家挨户要糖果的行为。当房子的主人将孩子们单独留在门厅并告诉他们可以选择一种糖果带走时，33%的孩子选择了不止一种糖果。而当走廊里出现一面镜子，孩子们可以在镜子中看到他们在做什么时，只有不到4%的孩子拿了不止一种糖果。孩子们似乎不想被看到自己在做不诚实的事情，即使是被他们自己看到也不行，因为那样他们就必须得承认自己是不诚实的孩子。

熊朝你跑过来，你的手心可能会开始出汗，心跳开始加速。然后你的大脑会注意到这个反射，产生恐惧，而恐惧会让你采取规避行动，从而影响你的行动决定。

微笑能让人快乐吗？

研究微笑是否让人们更快乐的困难在于，我们要研究的是微笑这个单纯的身体动作，而它很难与那些让人们快乐的刺激完全脱离。例如，讲一个笑话、一段赞美的话或一个冰激凌都能让人们微笑，但这些刺激本身就可以让人们更快乐，所以因这些刺激产生的微笑不能算是单纯的身体动作。

1988年，一个由弗里茨·斯特拉克（Fritz Strack）领导的研究小组使用了一种巧妙的方法让被试者做出微笑的动作。研究人员告知被试者，他们正在开发一种新的方法，帮助瘫痪者进行交流。在实验中被试者需要做的是，用不同的方式做到仅用面部肌肉托住铅笔的动作。

第一种方式要求被试者用牙齿咬住铅笔，第二种方式需要被试者把笔含在嘴里（第一种方式能让被试者的

你觉得她在笑吗？蒙娜丽莎的表情让人难以辨认，这让列奥纳多的画作呈现出一种令人不安的特质

脸上露出微笑的表情，而第二种方法则让他们做出不开心的表情）。之后，研究人员向被试者展示漫画并要求他们对漫画的幽默程度进行评分。结果发现，做出"微笑"表情的被试者觉得漫画更有趣。

是真还是假?

在 2002 年，研究人员进行了改编的微笑实验，发现"假笑"（脸颊肌肉不提升）的影响小于"真笑"（脸颊肌肉提升）。研究还发现，微笑会影响人们对正面刺激的感知，而不会影响人们对负面刺激（令人烦心或者恶心的图片）的感知。"真笑"即使不是发自内心的，也仍然有改善情绪的效果，因为它依然调动了所有必要的肌肉来复制一个真正的微笑。

所以，事实上微笑似乎真的能让你更快乐。这可能

皱眉比微笑需要更多的肌肉吗？

很难说我们到底用了多少肌肉来微笑和皱眉，尤其是每个人微笑和皱眉的方式都不一样。最简单的微笑需要用到 5 对肌肉，最简单的皱眉需要用到 3 对肌肉。如果你不想过多地使用肌肉，那么皱眉是更安全的选择。但微笑是更好的锻炼方式，所以如果你有锻炼的计划，那么微笑是一个不错的选择。

是一个简单的自我知觉的问题：我在微笑，所以我一定是快乐的。但也有一些生理学家认为，微笑牵动了颧骨肌肉，从而改变了流向大脑的血液，可能对我们脑中的化学物质产生真正的影响。

第26章

真的只是一个阶段吗?

儿童的心智发展是阶段性的,还是累积、层层叠加的?

当你那蹒跚学步的孩子对你发脾气，8岁的孩子跟你顶嘴，十几岁的孩子跟你闹别扭，说你正在"毁掉他或她的生活"，人们总是会说，别担心，这只是一个阶段，他们会长大的。但这是真的吗？

两种成长模型

我们倾向于把儿童的成长分成几个阶段。对于父母来说，这些阶段可能并不是很明确。有时它们很短、很具体，如尿床阶段，黏人阶段；有时它们似乎没完没了，如暴躁的青少年阶段。这种童年的"阶段性"成长模型就像一列火车，一站接着一站，乘客们上上下下。到达某一站，你会看到"脾气暴躁"上车了，它会在车上待上几站之后再下车。

另一种不同的成长模型展示了一个更加循序渐进的成长模式，在这种模式里，孩子们新习得的技能和能力叠加在旧的技能和能力之上，最终形成了一种作为成年人的为人处世的方式。孩子在每个阶段的特征并不是过了这个阶段就消失，而是在现有特征的基础上增加了更多的特征。

这是他们正在经历的一个阶段

阶段模型理论是基于瑞士发展心理学家让·皮亚杰（Jean Piaget）的研究。他根据幼儿所获得的技能类型以及理解世界、与世界互动的方式，将他们的成长分为4个阶段：

- 0-2岁：感知运动阶段——婴儿只能感知他们周围的环境和他们自己。他们高度以自我为中心，不知道当他们看不到某物时，它仍然存在（即使看不到某一样物体，也知道它仍然存在的感知能力被称为"客体永久性"）。然而，1972年进行的研究表明，这种理论是不准确的。因为实验发现，当婴儿伸手去拿提供给他的东西而灯在此刻被关掉时，通过红外摄像机我们能看到，婴儿还是会继续伸手去拿东西

- 2-7岁：前运算阶段——孩子仍然把注意力集中在外部世界和它的运作方式上，但不具备逻辑推理能力，因为后者需要"运算"思维。他们倾向于一次只关注一个物体或者某件事的一

在生命的第一年小婴儿就知道,某一样东西即使是在他们看不见的时候,它依然存在。这个新习得的"客体永久性"技能让宝宝们可以安心地玩"躲猫猫"的游戏

个方面。他们很难想象另一个人的观点("心智理论")。他们不理解守恒原理(例如同样数量的物体可以以不同的方式排列)或者物体的群与子群之间的关系。然而后来的研究表明,皮亚杰又一次低估了该阶段儿童的能力,部分原因是他的实验设计得不够好

- 7-11 岁:具体运算阶段——孩子们现在可以理解诸如数量守恒和体积守恒之类的概念,但只

有在实物的帮助下才能理解这些概念。后来的研究再次表明，皮亚杰在设计实验的时候没有考虑到实验内容需要便于儿童理解，因此他再次低估了该阶段儿童的能力

- **11岁以上：形式运算阶段**——这个阶段的孩子可以在头脑中处理概念，不再需要实物的演示。他们可以进行演绎推理和理解，例如，如果 $A>B$ 且 $B>C$，则可知 $A>C$

一些研究人员认为，皮亚杰的发展测试存在文化特异性。例如，波利尼西亚的普卢瓦特航海者可以通过复杂的操作思维来驾驶他们的独木舟，他们却没有通过皮亚杰的发展测试，因为测试的内容对他们来说毫无意义。

对于大多数人在第4阶段能达到的发展程度也存在

认知发展

认知发展是我们获取知识、了解事物的方式。它研究的是人们从婴儿时期到成年的成长过程中，如何获得让我们能够推断、储存和运用知识的心理技能和心理框架。

分歧。一些研究表明,只有三分之一的成年人能完全达到"形式运算阶段"。

构建行为的地基

杰罗姆·布鲁纳(Jerome Bruner)提出了不同的理论,用"成长模式"理论代替了"成长阶段"理论。1966年他提出,在成长中有三种"表征模式"相互叠加,建立起一套技能。这套技能不会为新习得的技能所取代,人们在成年后仍在使用。

布鲁纳认为,孩子会建立起一个帮助他们学习的"心理脚手架",用旧知识支持新知识的习得。

- **0-1岁**:动作表征模式——婴儿用动作与世界互动,建立起"肌肉记忆",比如学习如何挥手和走路。这些技能不会被遗忘,除非大脑受伤
- **1-6岁**:映像表征模式——现实通过图像和声音来表征
- **7岁以上**:符号表征模式——使用语言符号和数学运算来存储、操纵信息

布鲁纳还发现，如果在孩子接受皮亚杰的测试之前，先用语言向他们描述一遍测试内容，他们会更容易通过测试。所以，如果先问一个孩子，把水从一个细高的杯子倒进一个短粗的杯子，水是多了、少了还是一样多？之后再用实物展示给他看，他更有可能给出正确的答案。将3种模式（动作表征模式、映像表征模式和符号表征

无法想象的事

一个人的图式构建可以产生固定的结构，使他们无法构建出某些图式之间的联系。例如，在有些人的图式结构中，"婚姻"的图式和"同性恋"的图式完全没有联系，这可能会使"同性恋婚姻"的概念对他们来说难以理解，他们不明白这两个词放在一起能有什么意义。如果这个人不愿意或无法调整自己的图式结构，让这个概念在自己的理解中合情合理，他们就只能排斥同性婚姻。有趣的是，排斥某种概念的人经常使用"不可思议"或"无法想象"这样的词来表达他们的感受——他们确实是无法想象出这些概念的含义，并没有夸张。

模式）结合起来可以更容易地理解一些现象。如果让孩子们用一块橡皮泥捏出不同的形状并解释他们在捏什么，他们就会很容易理解体积守恒的概念，即使他们没有通过皮亚杰的守恒测试。

从内到外还是从外到内？

皮亚杰的成长模型是基于儿童内在的一系列有着固定顺序的发展。虽然成长发展也需要与环境和他人的互动，但皮亚杰认为，儿童本身是最关键的因素和驱动者。

布鲁纳则持有不同观点，他认为环境和他人更加重要——孩子的学习是由环境中的成年人和其他孩子推动的。只有通过与他人的互动，孩子们才能给自己的言行赋予意义。如果孩子伸手去拿东西，但够不到，大人会把东西递给他们。然后他们就会知道，伸手的意思就是指着一个东西，因为别人会这样去解读这个动作。之后在他们的理解中，"指"的动作就成了一种有意义的行为，这是一种由他人行为赋予的意义。这样的学习方式是"由外到内"的，通过外部世界的影响来帮助孩子建立认知。

野孩子和错失的机会

每隔一段时间,我们就能发现一些远离人类、与野生动物单独生活在一起的孩子。这些不幸的案例为心理学家提供了丰富的线索,他们可以跟踪观察这些儿童在回到人类社会之后,接触到其他人、人类的语言、正常的人类活动和生活环境时的发展。

由狼或野狗养大的孩子经常用四肢奔跑,嘶吼咆哮,吃生肉——换句话说,他们的行为方式和他们的犬科兄弟姐妹一样。如果发现得足够早,他们也许可以融入人类社会。他们可以重新学习一门语言,开始吃熟食,直立行走。而如果更晚接触到人类,他们可能永远也学不会人类的语言,永远无法融入人类社会。似乎在6—13岁之间有一个分界点,如果一个孩子在这之前没能学会一门语言,他可能就永远也学不会这门语言了。

如何建立一个正常运作的大脑?

为了让大脑适应正常、独立的生活,孩子们有很多工作要做。首先,他们需要构建出一个图式,来帮助他们获取知识。然后,他们需要将新知识融入他们的图式来吸收新知识,再修改图式以适应那些无法融入原有图式的信息。幸运的是,孩子们不需要知道他们的大脑有这么多事要做。

事实上，我们一生都在构建图式，有些人很乐意这么做，有些人却不太愿意。在生活中你会遇到一些固执、保守的人，他们会直接拒绝那些他们不想思考的事物，认为它们是"无稽之谈"，这说明他们已经不再构建图式了。在他们的图式中，没有网络银行或者现代艺术的位置，他们无法思考这些问题。这与尝试之后再拒绝的做法是不一样的，它是一个"封闭的思维"，其中的图式已经僵化。这种趋势在老年人中很明显，但有时我们

对新思想保持开放的心态表明我们仍在构建图式

也会遇到不愿意或无法接受新思想的年轻人。

随着孩子年龄的增长,他们会发展出"运算"的能力,这是一种更高层次的心理结构,需要掌握图式之间的逻辑关系,它让孩子能够理解更加复杂的概念。而我们也可以看到,那些拒绝新思想的人往往"运算"能力很差。

一张白纸还是格式化的硬盘?

有一种古老的观念认为,婴儿的心智是一张白纸,等待着知识被写在上面。这种观点受到了许多挑战,因为一些本能和反射行为是我们天生就有的。例如,婴儿生下来就有吸奶的本领,如果给他们机会,小婴儿在出生后几分钟就会吸奶。也许大脑有一些先天的图式,随时准备被知识填充。因此,婴儿的大脑更像是一个格式化的硬盘,它的结构已经为储存知识做好了准备。

诺姆·乔姆斯基(Noam Chomsky)认为,语言学习就属于这一类型的知识习得方式,孩子一出生就做好了学习语言的"准备"。乔姆斯基指出,语言之间的句法相似性使得婴儿可以用任何语言来填充图式,无论家庭成员间使用何种语言。

第27章 彩票值得买吗?

你平时买彩票吗?你可能不相信,但其实不中奖的好处更多一些。

你是否梦想过中彩票，或者期盼有其他让你一夜暴富的好事发生？许多人都幻想过假如自己突然暴富，要买哪些东西、要做哪些事情。很多公司、国有彩票都是利用人们的这些梦想赚钱的。但是，中大奖真的能让人开心吗？

智商税

你为什么要买彩票，或者在庄家那里下赌注？你真觉得自己会中奖、会赢吗？还是说，你知道自己可能赢不到钱，但还是抱有希望？或者，你只是把它当作生活中的一点乐趣？赢钱的机会微乎其微，而真赢了钱又可能会让你痛苦，那么到底乐趣何在呢？

众所周知，许多参与赌博的人其实并不富裕。富人有一种傲慢的观点，认为这些人是愚蠢的——他们本来就不富裕，还把钱浪费在几乎不存在的赢钱机会上。但事实并非如此：他们花钱买到的是确定的、积极的东西——梦想更美好生活的机会。对他们来说，买彩票是摆脱疲于奔命的日常生活的通行证，但它只是一个旅游签证，并不是移民许可证。在买彩票和得到失望结果之间的几天或几个小时里，购买人可以梦想更好的生活。这和其他短

1961年，薇芙·尼科尔森（Viv Nicholson）在英国赌球时获得了152 319英镑的奖金，这在当时算是巨额奖金了。她很快就把钱花光了，结果负债累累，还惹上了法律纠纷。她的5任丈夫中有一个在车祸中丧生，那还是用她的奖金买的车。她的照片被史密斯乐团用来作为歌曲《天知道我现在苦不堪言》（Heaven Knows I'm Miserable Now）的封面

暂的快乐（喝一杯酒或吃一顿美餐）相比，并不算浪费钱。这张彩票的意义不在于中奖，而在于梦想的美好。

危险的梦想

大多数中彩票的人，生活都过得一团糟。研究发现，美国70%—90%的彩票中奖者在5年内破产，这还不是

最糟的。除了贫穷，他们还把钱花在了毒品、酒精、嫖娼、奢侈品消费和不可靠的商业交易上，导致许多中奖者身心不健康、犯罪、自杀甚至遭受暴力杀害，还有一些人在毒品或酒精引发的事故中死亡或杀了人。

面对突如其来的财富，有些人并不习惯，大部分人都需要外界的帮助来协助他们理财，否则他们就会像那些收入过高、年少成名的明星一样误入歧途。在管理自己的生活方面做得最好的赢家，往往把钱用于慈善事业或设立信托基金。

那么，这些梦想成真的人，为什么过不好中奖之后的生活呢？

幸福是相对而言的

1978年，菲利普·布里克曼（Philip Brickman）和丹·科茨（Dan Coates）在美国进行了一项研究，测评了彩票中奖者和事故瘫痪受害者的幸福水平（这两组人的命运都发生了显著的转折），实验中还有一组没有受到事故或中奖影响的被试者作为对照组。他们发现，是"比较"和"习惯化"这两个过程导致彩票中奖者可能并没有我们想象中那么快乐。

高峰和低谷

当一个人得知自己中了彩票时，通常会欣喜若狂，这是一种"高峰体验"。而中奖之后的生活很难匹配这一刻的荣耀，当生活归于平淡之后，这些人从日常快乐中获得的幸福感往往会减少。研究发现，中彩票的人比未中彩票的人更不容易享受日常生活的快乐。

这个现象不仅存在于中奖者的生活，任何一个在职业生涯中达到顶峰之后开始走下坡路的人（尤其是在年轻时就达到顶峰的人）都必须面对这个问题。首相在卸任之后会做些什么？为什么有些体育明星和超模"退休后"的个人状况每况愈下？达到顶峰时的雄心壮志可能会导致"下坡"之后的空虚和迷茫。

为某件事努力奋斗给我们的生活赋予了目标，然而一旦我们成功了，目标就消失了。天体物理学家乔瑟琳·贝尔·伯奈尔（Dame Jocelyn Bell Burnell）发现了

> "你并不是在购买中奖的机会，因为中奖的可能性微乎其微。你购买的是幻想中奖的权利。"
>
> ———
>
> 德里克·汤普森（Derek Thompson），《大西洋月刊》商业编辑

虽然没有因为发现脉冲星而获得诺贝尔奖,但乔瑟琳·贝尔·伯奈尔却因为这次"失败"而受益终身

脉冲星,却被排除在诺贝尔物理学奖的获奖名单之外,诺贝尔奖委员会将奖项授予了她的论文导师安东尼·休伊什(Antony Hewish),这引起了巨大的争议。但是她却表示,她很高兴自己没有获奖,因为如果得了诺贝尔奖,还有什么努力的动力呢?再获得其他任何奖项她也不会觉得开心了,因为它们永远比不上诺贝尔奖。在那之后,她获得了无数荣誉,还被封为女爵士。

福祸相依

在我们的想象中,财富会带来快乐,但实际上这种快乐会随着时间的流逝而减少,因为我们已经习惯了它们,"习惯化"使这些快乐变得不那么特别。人们很快就习惯了最温暖的家、最好的食物、最好的酒店和餐厅。很显然,哪怕是拥有专职司机驾驶的豪华轿车、在棕榈树环绕的海滩上喝着鸡尾酒,时间长了也会让人感到厌倦,迷人的异国情调最终变得平淡无奇。

与此同时,你会发现从一些小事中获得乐趣变得越来越难,比如收到赞美或观看喜欢的电视节目。与对照组或事故受害者相比,彩票中奖者在这些日常活动中得到的幸福感更低一些,而且他们认为自己在未来也不会感到更幸福。从长期来看,中奖者并没有比对照组的人获得更多的快乐。

当布里克曼和科茨询问那些遭遇巨大挫折的严重事故受害者时,研究人员发现,他们也会将自己过去的生活与现在的状况进行比较。这种落差让他们更加痛苦,尤其是他们在回忆过去时还倾向于加上一层滤镜,把以前的事情形容得过于美好、比实际情况更令人愉快,这也增加了他们的失落感。

幸运数字

有些人在买彩票时,总是喜欢买相同的号码组合,他们会选择一些有个人意义的号码,比如用自己的生日或者是他们的"幸运数字"。开奖时他们越是没中奖,就越认为自己在不久的将来一定有中奖的机会。他们并不是不懂数学,不知道是何种神秘的思考让他们相信,这个号码总有一天会中奖。实际上,随机排列的数字组合中奖的概率并不比1、2、3、4、5、6这样的数字序列中奖的概率大。

英国彩票网站公布过一份资料,上面显示了中奖最多和最少的号码组合,以及那些"过气"最久(已经有一段时间没有中奖)的号码组合。但是因为每次摇奖都是随机的,所以之前的开奖结果对未来的结果并没有影响。开奖结果可以在一年当中的每个星期都是同样的6个数字,当然了,这种情况不太可能真的发生。

如果你真的想买彩票,拼一下赢大钱的机会,就不要和其他人选一样的号码。也就是说,你要避免遵循一个明显的数字排列模式。如果你只是想赢点小钱,不想让巨额奖金给你的生活造成不好的影响,那么你可以试着选择最小的6个质数,这样的话即使这个号码组合真的中奖了,也会有很多选择同样号码的人跟你一起分享奖金。